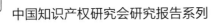
中国知识产权研究会研究报告系列

"走出去"

企业知识产权
合规管理指引

中国知识产权研究会　组织编写

谢小勇　主编

知识产权出版社

全国百佳图书出版单位

—北 京—

图书在版编目（CIP）数据

"走出去"企业知识产权合规管理指引/谢小勇主编. —北京：知识产权出版社，2023.8

ISBN 978 - 7 - 5130 - 8800 - 8

Ⅰ.①走… Ⅱ.①谢… Ⅲ.①企业—知识产权—研究—中国 Ⅳ.①D923.404

中国国家版本馆 CIP 数据核字（2023）第 115144 号

内容提要

为应对海外知识产权壁垒，保障企业海外经营业务的正常开展，支持"走出去"企业拓展全球贸易业务，本书从知识产权合规的角度，系统介绍了知识产权合规的基本概念、企业知识产权合规管理方法、企业知识产权合规管理文化建设、知识产权合规管理的应用场景，并结合案例分析了"走出去"企业遭遇的知识产权问题，包括专利、商标、著作权和商业秘密等方面，总结了相应的合规管理要点，可为我国"走出去"企业知识产权合规管理提供参考和借鉴。

责任编辑：王玉茂	责任校对：王　岩
封面设计：宗沅书装·李宗燕	责任印制：刘译文

"走出去"企业知识产权合规管理指引

中国知识产权研究会　组织编写

谢小勇　主编

出版发行：知识产权出版社 有限责任公司	网　　址：http://www.ipph.cn
社　　址：北京市海淀区气象路 50 号院	邮　　编：100081
责编电话：010 - 82000860 转 8541	责编邮箱：wangyumao@cnipr.com
发行电话：010 - 82000860 转 8101/8102	发行传真：010 - 82000893/82005070/82000270
印　　刷：三河市国英印务有限公司	经　　销：新华书店、各大网上书店及相关专业书店
开　　本：720mm×1000mm　1/16	印　　张：14.75
版　　次：2023 年 8 月第 1 版	印　　次：2023 年 8 月第 1 次印刷
字　　数：152 千字	定　　价：80.00 元

ISBN 978 - 7 - 5130 - 8800 - 8

本书编委会

主　　编　谢小勇

副 主 编　薛寅君

执行主编　李瑞丰　孙　玮　毛高蔚

编　　委　（按姓氏笔画排序）

于雯竹　马浩波　方立维　王　颖

王润华　舟寒冬　庄　喆　许肖杰

寿晶晶　杨　熠　张　婧　张　焱

张　鑫　柳　冀　姚　佳　倪先元

郭振鹏　徐　驰　黄俊杰　董　乐

董　莎　董　皓

前　言

随着我国"走出去"战略的实施以及"一带一路"建设的持续深入推进,我国企业积极参与海外市场竞争的意愿不断增强。企业"走出去"成为经济发展和民族复兴的必然趋势。近年来,我国对外贸易不断刷新历史纪录,与主要贸易伙伴进出口实现稳定增长,包括东南亚国家联盟(以下简称"东盟")已成为我国重要贸易伙伴。贸易结构持续优化,出口产品不断向价值链上游攀升。在此背景下,知识产权发挥越来越重要的作用。

一方面,随着经济全球化和科技一体化的步伐加快,知识产权逐渐成为国际贸易的标配。知识产权壁垒在国际贸易中的运用越来越频繁,对我国相关产业发展造成的影响也越来越大,甚至对某些产业安全构成了威胁。另一方面,我国对外贸易出口额屡创新高,出口国家和地区越来越多元化,海外知识产权的保护也就更加复杂化。特别是从事对外贸易的民营企业数量不断增加,出口产品知识产权密集程度不断提高,企业海外知识产权保护能力薄弱,出口产品与发达国家越来越同构化,加大了发生知识产权纠纷风险。

中共中央、国务院对海外知识产权工作高度重视。习近平同志在主持中共十九届中央政治局第二十五次集体学习时强调，形成高效的国际知识产权风险预警和应急机制，建设知识产权涉外风险防控体系。加强"走出去"企业知识产权合规管理，建立知识产权涉外风险防控体系，是主动防范应对海外知识产权纠纷的重要工作。

2021年，中共中央、国务院印发《知识产权强国建设纲要（2021—2035年）》，对建设支撑国际一流营商环境的知识产权保护体系做出部署，明确要建设知识产权保护中心网络和海外知识产权纠纷应对指导中心网络。建立健全海外知识产权预警和维权援助信息平台。同年，国务院印发《"十四五"国家知识产权保护和运用规划》，针对海外知识产权纠纷应对能力不足等问题，进一步指出要建设知识产权涉外风险防控体系。

为形成高效的国际知识产权风险预警和应急机制，建设知识产权涉外风险防控体系。加强我国"走出去"企业知识产权合规管理，建立知识产权涉外风险防控体系，形成高效的国际知识产权风险预警和应急机制，提升企业防范应对海外知识产权纠纷，应对知识产权壁垒的能力，保障企业海外经营业务的正常开展，支持我国企业拓展全球贸易业务，根据《合规管理体系要求及使用指南》（GB/T 35770—2022）、《中央企业合规管理指引（试行）》、《企业境外经营合规管理指引》等有关规定，中国知识研究会海外知识产权纠纷应对指导中心编著了本书。

　　本书基于现行颁布的国家标准、企业指引，围绕"走出去"企业在境外经营中的知识产权风险管理的规范予以进一步细化，内容涵盖了知识产权风险的识别、评估、预防等管理方法，以及知识产权合规行为准则、制度体系建设和典型的合规案例，为企业应对、防控海外知识产权纠纷提供实务指引，进一步补充和丰富了企业海外经营的知识产权合规管理体系。

目　录

第一章　知识产权合规管理总论

第一节　知识产权合规管理

一、知识产权合规基本概念

（一）合规的概念

合规是指企业及其员工的经营管理行为符合法律法规、监管规定、行业准则和企业章程、规章制度以及国际条约、规则等要求。本书所称合规，是指企业及其员工的经营管理行为符合有关法律法规、国际条约、监管规定、行业准则、商业惯例、道德规范和企业依法制定的章程及规章制度等要求。合规意味着组织遵守了适用的法律法规和监管规定，也遵守了相关标准、合同、有效治理原则或道德准则。

在知识产权成为企业核心竞争力的时代，企业之间的竞争实际上就是知识产权的竞争。从全球化的角度而言，主要的竞争主体都会在各国布局大量的专利和商标等知识产权。一旦竞争对手出于各种需要启动知识产权诉讼，则势必会产生大量的知识产权纠纷。

【案例一】

戴森技术有限公司在无叶风扇、手持式吸尘器等方面拥有较强的技术实力，并且在全球布局了大量的专利，其针对北京小狗吸尘器集团股份有限公司和科沃斯集团发起的专利侵权诉讼就是典型代表。2017 年 9 月 21 日，戴森技术有限公司就北京小狗吸尘器集团股份有限公司及其子公司的侵犯外观专利权纠纷向北京知识产权法院提起诉讼。2021 年，时隔 5 年之后，北京市高级人民法院二审判决北京小狗吸尘器集团股份有限公司败诉并赔偿戴森技术有限公司 58 万元。

【案例二】

2022 年 5 月 21 日是我国农历二十四节气中的小满，有一条短视频在各大平台频繁刷屏，阅读量轻松达到 10 万多人次，这条视频的发布者为奥迪汽车股份公司。但是，这条视频推出不久，就被"北大满哥 - 早 6：50 直播"的用户在线维权，表示奥迪汽车股份公司这条视频文案抄袭自己原创视频。

对此，奥迪汽车股份公司当日发布声明"表示诚挚的歉意"。声明同时称，该视频由创意代理公司提报并执行，奥迪汽车股份公司各官方渠道将全面下架该视频。

（二）合规风险

近年来，国际社会和各国政府都致力于建立和维护开放、透明、公平的社会秩序，共建创新、包容的开放型世界经济。在这样的背景下，企业越来越多地关注其面临的合规风险和如何实现合规。本书所述的合规风险是指企业及其员工因不合规行为，引发法律责任纠纷、遭受法律制裁、受到监管处罚、造成经济或声誉损失以及其他负面影响的可能性。若不合规，企业可能遭受法律制裁、监管处罚、重大财产损失和声誉损失，由此造成的风险，即为合规风险。

"乐拼"侵犯著作权罪案

基本案情： "Great Wall of China" 拼装玩具等 47 个系列 663 款产品系乐高集团（LEGO System A/S）创作的美术作品，乐高集团根据该作品制作、生产了系列拼装玩具并在市场销售。李某指使杜某等人购买新款乐高系列玩具，通过拆解研究、计算机建模、复制图纸、委托他人开制模具等方式，专门复制乐高集团前述拼装积木玩具产品，并冠以"乐拼"品牌，通过线上、线下等方式销售。其复制乐高系列的玩具产品达 603875 盒。后经中国版权保护中心版权鉴定委员会鉴定，"乐拼"品牌的玩具、图册与乐高集团的玩具、图册基本相同，构成复制关系。上海市人民检察院第三分院对李某等人提起公诉。

审理结果： 法院对乐高集团提出的赔偿主张予以全额支

持，判令"乐拼"生产厂商等被告人立即停止侵权，赔偿乐高博士有限公司经济损失及为制止侵权行为所支付的合理开支共 3000 万元。

合规风险：李某等人明知"乐拼"与"乐高"两者在颜色组合、表现形式、整体视觉效果方面极其相似，极易导致消费者混淆，仍复制"乐高"相关产品，从而削弱"乐高"系列商标的影响力，对其市场声誉造成毁贬，企业的不合规行为导致其遭受大额赔偿。

数据来源：2020 年中国法院十大知识产权案例，上海市高级人民法院（2020）沪刑终 105 号刑事裁定书。

（三）知识产权合规管理

知识产权合规管理是指以有效防控知识产权合规风险为目的，以企业及其员工的经营管理行为为对象，开展包括制度制定、风险识别、合规审查、风险应对、责任追究、考核评价、合规培训等有组织、有计划的管理活动。"走出去"企业知识产权合规管理重点针对企业开展境外经营业务中的知识产权风险为防控对象。

（四）"走出去"企业知识产权合规风险

在开展海外经营业务的过程中，企业因为知识产权纠纷遭遇诉讼、海关执法以及 337 调查❶等情况是当前"走出去"的主要知识产权问题。在海外经营业务中，主要的知识产权合规风险包括以下五种类型。

1. 知识产权侵权风险

在从事海外经营业务过程中企业因侵犯第三方专利、商标、著作权等权利造成侵权纠纷。

2. 知识产权被侵权风险

在从事海外经营业务时，企业的专利、商标、著作权等权利被侵犯而引起纠纷。

3. 知识产权权属风险

企业因专利、商标、著作权等权利权属不清可能引起的权属纠纷风险。

4. 知识产权资产损失风险

企业在从事投资并购、知识产权转让许可过程中，由于对知识产权价值评估不当造成的资产损失风险。

5. 其他合规风险

知识产权转让过程中企业可能存在的反垄断、安全审查等风险。

---

❶　337 调查是指美国国际贸易委员会依据美国 1930 年关税法第 337 条的规定，针对进口贸易中的知识产权侵权行为以及其他不公平竞争行为开展调查，裁决是否侵权及有必要采取救济措施的一项准司法程序。

二、知识产权合规管理的目标、原则和意义

（一）"走出去"企业知识产权合规管理的目标

知识产权合规管理的目标是通过建立"走出去"知识产权合规管理体系，加强企业海外经营业务合规管理，形成高效的国际知识产权风险预警和应急机制，建设知识产权涉外风险防控体系，保障企业海外经营业务的正常开展，支持中国企业拓展全球贸易业务。

（二）"走出去"企业知识产权合规管理的原则

一般而言，企业内部设立知识产权合规管理机构应遵循独立性、适用性、专业性和全面性四个原则。

1. 独立性原则

"走出去"企业知识产权合规管理应从制度设计、机构设置、岗位安排以及汇报路径等方面保证独立性，同时配备或者能够调动充足的资源。合规管理机构及人员承担的其他职责不应与合规职责产生利益冲突。

2. 适用性原则

"走出去"企业知识产权合规管理应从经营范围、组织结构和业务规模等实际出发，兼顾成本与效率，强化合规管理制度的可操作性，提高合规管理的有效性。合规组织架构的搭建要与企业

"走出去"的实际需求匹配，要与企业的经营模式相一致。同时，"走出去"企业应随着内外部环境的变化持续调整和改进合规管理体系。

3. 专业性原则

"走出去"企业知识产权合规管理机构的设立应当具有专业性，应配备相当规模的专业人员。合规的主要义务来源是法律法规和行业规范要求，同时知识产权工作尤其是海外知识产权工作独具专业性和特殊性，"走出去"企业知识产权合规管理必须有专业保障。

4. 全面性原则

"走出去"企业的知识产权合规管理应覆盖所有境外业务领域、部门和员工，贯穿决策、执行、监督、反馈等各个环节，体现于决策机制、内部控制、业务流程等各个方面。同时，知识产权合规管理还应覆盖与企业海外业务经营管理有关的外部主体。

（三）"走出去"企业知识产权合规管理的意义

合规是企业可持续发展的基石。对于"走出去"企业而言，合规是企业行稳致远的前提，合规管理能力是"走出去"企业国际竞争力的重要方面。

1. 有助于防范风险

"走出去"企业通过建立有效的知识产权合规管理体系，对其海外经营业务所面临的知识产权合规风险进行识别、分析和评价，从而达到消除或降低知识产权风险对企业海外经营业务造成的负面影响和损失。在知识产权合规风险转化为现实纠纷问题上，完善的知识产权合规体系能够直接区分企业责任和员工责任，减轻企业责任的重要考量。在很多国家或地区，当发生不合规时，企业以已经建立并实施了有效的合规管理体系作为减轻甚至豁免行政、刑事或者民事责任的抗辩，这种抗辩有可能被行政执法机关或司法机关所接受。

2020 年 3 月，我国最高人民检察院在上海浦东、金山，江苏张家港，山东郯城，广东深圳南山、宝安等 6 家基层检察院开展企业合规改革第一期试点工作。2021 年 4 月，最高人民检察院下发《最高人民检察院关于开展企业合规改革试点工作的方案》，在北京、上海、广东等 10 个省市启动第二期企业合规改革试点。此次企业合规改革即"合规不起诉制度"，由检察院等司法机关、监察机关加入推进企业合规建设。

"合规不起诉制度"即指检察机关对于办理的涉企刑事案件，在依法做出不批准逮捕、不起诉决定或者根据认罪认罚从宽制度提出轻缓量刑建议等的同时，针对企业涉嫌具体犯罪，结合办案实际，督促涉案企业作出合规承诺并积极整改落实，促进企业合规守法经营，减少和预防企业犯罪，实现司法办案政治效果、法律效果、社会效果的有机统一。

上海 J 公司、朱某某假冒注册商标案

基本案情： T 公司与 J 公司洽谈委托代加工事宜，约定由 J 公司为 T 公司代为加工智能垃圾桶，后因试产样品未达质量标准且无法按时交货等原因，双方于 2018 年 12 月终止合作。为挽回前期投资损失，朱某某在未获得商标权利人 T 公司许可的情况下，组织公司员工生产假冒 T 公司注册商标的智能垃圾桶、垃圾盒，并对外销售获利，涉案金额达 560 万余元。2020 年 9 月朱某某主动投案。案发后，J 公司认罪认罚，赔偿权利人 700 万元并取得谅解。2020 年 12 月 14 日，上海市公安局浦东分局以犯罪嫌疑单位 J 公司、犯罪嫌疑人朱某某涉嫌假冒注册商标罪移送上海市浦东新区人民检察院审查起诉。

审查经过： 检察院综合考虑后申请启动长三角跨区域协作机制，开展企业合规社会调查及第三方监督考察。J 公司启动了包括制定合规章程、健全基层党组织、建立合规组织体系、打造合规程序体系、提升企业合规意识等方面的递进式合规计划，并严格按照时间表扎实推进。特别是 J 公司制定了知识产权专项合规政策体系。

处理结果： 2021 年 9 月 10 日，上海市浦东新区人民检察院邀请人民监督员、侦查机关、异地检察机关代表等进行公开听证。经评议，J 公司合规建设合格，参与听证各方一致同意对涉案企业及个人作出不起诉决定。

数据来源：最高人民检察院第二批企业合规典型案例。

2. 有助于降本增效

首先，"走出去"企业知识产权合规管理体系能够梳理、完善企业内外部制度，使企业海外知识产权工作有章可循。其次，"走出去"知识产权合规管理体系建设能够明确企业内部各部门职责权限，提升工作执行效率。最后，"走出去"知识产权合规管理强调将合规要求嵌入业务流程，实现业务的规范化和标准化，形成尊重知识产权文化，达到降低管理成本的效果。

3. 有助于提高国际营商能力

在全球加强知识产权保护的背景下，"走出去"企业知识产权合规管理有助于取得国内外政府、合作伙伴的信任，享受全球化运营的便利条件。知识产权合规管理还能够减少贸易摩擦对企业造成的系统性风险，确保企业全球供应链的稳定、安全。优秀的知识产权合规管理是企业诚信经营、高标准要求自己的最佳证明，能够为企业带来良好的声誉和优质的商业机会。

第二节　知识产权合规管理范围

一、合规义务及其主体

（一）合规义务来源

"走出去"企业经营海外业务时，应遵守国际条约、当地的知识产权法律法规、商业管理、伦理道德和职业操守以及企业自身的规章制度。其中，法律法规和企业规章制度是主要的合规义务来源。企业规章制度虽然是内部管理规范，但是其主要来源外部规范的要求。此外，由于知识产权是私权，按照当地知识产权法律法规的要求，知识产权合规管理还需要关注不侵犯当地的在先知识产权权利。

除了法律法规和企业规章制度，某些国际组织、行业协会或者标准起草单位对特定主体或成员有明确的知识产权合规要求。因此，特定行业的企业在从事海外经营业务时，还需遵循相关国际和行业组织的合规标准。

按照强制性程度的不同，合规义务可以分为合规要求和合规承诺。典型的合规要求包括知识产权法律法规，许可、执照或其他形式的授权，监管机构发布的命令、条例或指南，法院判决或行政决定，条约、惯例和协议等。合规承诺包括与社会团体或非政府组织签订的知识产权相关协议，与公共权力机构和客户签订的协议，企业内部制度或规程，与第三方签署合同产生的义务，相关组织的和产业的标准。

（二）合规义务主体

"走出去"企业知识产权合规管理的义务主体应包括企业组织本身；直接控制或者参与企业决策、经营、管理的主体（股东、管理层、经理层及员工）；与企业海外经营管理发生联系、影响企业合规成效的外部主体，如客户、供应商、经销商、承包商、中间商等业务合作伙伴。

二、知识产权合规管理重点业务

企业海外经营业务主要包括对外产品（服务）出口、海外参展、企业（知识产权）并购以及境外上市等业务。"走出去"企业知识产权管理应当贯穿与海外经营业务有关的全流程，但是不同业务的合规管理要求有所差异。

（1）企业在开展对外货物和服务贸易，包括产品（服务）直接出口、贴牌加工、跨境电商等业务时，应确保经营活动全流程、全方位合规，全面掌握技术标准、知识产权保护等方面的具体要求，关注业务所涉国家或地区开展的贸易救济调查、业务经营及投资中有关知识产权的审查等措施。

（2）企业在海外参展时，应确保全流程、全方位合规，全面掌握临时禁令、附加扣押令、警告函、刑事查处、海关查处以及主诉讼程序等方面的具体要求，并做好知识产权风险防范、风险排查以及参展材料的保密工作。

（3）企业并购国外企业、受让国外知识产权时，应提前开展尽职调查，掌握其知识产权资产权属及价值状况，了解当地关于技术转让、出口方面的限制，提前处置知识产权转让过程中的风险。

（4）企业在境外上市时，应加强技术创新和知识产权保护，做到全方位合规，全面掌握知识产权资产规模、核心知识产权以及知识产权管理等状况，做好相关信息披露工作。

三、知识产权合规管理重点环节

"走出去"企业知识产权合规管理重点环节应包括经营决策、研发设计生产运营、宣传销售和投资并购等。

（一）经营决策环节

严格落实知识产权合规管理理念，细化各层级决策事项和权限，加强对决策事项的知识产权合规论证把关，保障决策符合知识产权合规要求。对于企业而言，海外经营是拓展市场和增加收益的重要方式。在海外经营中，企业不合规经营可能导致严重的法律后果和商业风险。以下六个方面是企业海外经营环节合规管理的关键措施。

1. 合规审查

在海外经营之前，企业应该进行全面的合规审查，了解目标国家或地区的法律法规和行业标准，以及企业在海外经营中可能面临的合规风险。

2. 建立合规管理制度

企业需要建立合规管理制度，包括规章制度、流程和职责等方面，以确保海外经营的所有环节都符合法律法规的要求。

3. 培训和教育

企业应该对涉及海外经营的员工进行培训和教育，提高他们的合规意识和知识，以减少因疏忽或错误导致的合规风险。

4. 管理合作伙伴

企业需要对海外经营的合作伙伴进行合规审核和管理，包括供应商、代理商、分销商、承包商等，以确保它们的经营活动符合法律法规的要求。

5. 风险监控和预警

企业需要建立风险监控和预警机制，及时发现和处理可能的合规风险，避免风险扩大化和蔓延。

6. 审计和评估

企业需要定期进行海外经营合规的审计和评估，评估合规管理制度的有效性和员工的合规意识等方面，及时纠正和完善不足之处。

（二）研发设计环节

为了进行知识产权风险合规管理，企业需要在研发环节防控风险。例如立项阶段可能存在的专利风险，因为企业可能不了解该领域的专利状况和竞争对手的专利布局。该阶段风险可能导致企业在投入大量研发资源后，或者项目启动后才发现竞争对手在该领域拥有密集的专利布局。为了规避专利风险，企业需要在产品上市或工艺确定之前进行全面的专利自由实施分析，并制定相应的专利风险应对策略。

　　研发环节的专利风险合规审核需要聚焦待开发产品的生产方法、相关配套技术以及外观设计是否落入他人发明、实用新型或外观设计专利权的保护范围。为了避免待开发的产品或技术落入现有专利权的保护范围，企业应在立项阶段进行检索分析和专利预警，揭示相关利益主体面临的专利风险，并对利益主体发出预警以制定应对策略，从而减少或避免未来可能面临的损失。专利全景分析、第三方专利的监控、自由实施分析等方面的工作是开展合规管理的重点。

　　企业在国际化的进程中，需要以商业目标为导向有策略地部署专利，将专利布局纳入企业海外商业策略的一部分，为海外市场的开拓铺平道路。专利布局应该从项目整体目标或者企业发展的商业目标出发，考虑需要什么样的专利帮助企业实现商业目标。除了考虑项目技术点的可专利性和专利价值，还需要配合项目整体开发计划和未来的发展，综合考虑专利申请的时机、地域、技术内容等因素，构筑专利网以支持企业未来的发展。专利挖掘是专利布局工作的基础，即强调从研发成果中找到值得进行专利保护的技术点。

　　商业秘密是企业的一项财产权利，关乎企业的竞争力，对企业的发展至关重要，甚至直接影响企业的生存。侵犯商业秘密的行为一般是指被控当事人盗窃或获取他人享有的信息，或者收受或占有未经信息拥有人批准而取得的信息；并且，被指控当事人有意使用该信息为其本人或其他人谋取经济利益，或者被控当事人有意让该信息拥有人遭受伤害。商业秘密一般涉及企业经营的产品或服务等信息。

（三）生产运营环节

企业应严格执行知识产权合规制度，加强对重点流程知识产权自由实施的检查，确保生产经营过程中无知识产权隐患。

在生产过程中，企业应对供应商及所采购产品的知识产权状况进行评价与确定，要求供应商提供产品涉及的知识产权权属证明。委托加工、来料加工等对外协作生产的过程中，企业要对涉及的知识产权进行规范，明确代工过程的知识产权权责，避免侵权纠纷。

在贴牌生产中，委托人是许可方，贴牌生产企业是被许可方，未经商标注册人许可，在同一种商品或类似商品上使用与注册商标相同或相似商标的，即侵犯注册商标专用权。承揽加工带有他人注册商标的商品的，承揽人应当对委托人是否享有注册商标专用权进行审查。例如，合同是否明确了知识产权使用，合同规定是否过于笼统，是否缺乏商标权的规定，是否获得权利人的合法授权，这些情况均可能导致知识产权侵权责任缺失。贴牌生产企业需按规定进行真实、准确的标注，遵守目标国家或地区的法律规定，否则将承担法律责任。

（四）宣传销售环节

企业应严格落实海外宣传销售风险排查制度，加强对海外产品宣传、销售环节知识产权风险的识别和提前处置工作，确保海外经营业务正常开展。

企业可以通过加强其品牌的宣传和推广，提高品牌知名度和美誉度，增强品牌竞争力。

例如，详细研究宣传内容和方式；重点关注为配合商品或者服务的发布、展示、宣传等活动所使用的物品。

展台、展板上关于产品的介绍文字、说明图片等，均构成著作权、外观设计及商标权保护客体，不慎使用有引发侵权纠纷的可能；为方便客户了解产品有关信息，企业会通过多种方式进行宣传，比如宣传册、产品说明书、网站等，在该过程中可能引发知识产权纠纷。企业应排查和识别其产品或服务宣传载体上字体、图片、图案、形象、音乐、视频等是否存在侵犯在先著作权、商标权等权利的风险，以及企业在境外经营场所，以营利为目的，擅自放映他人音乐、视频作品的侵权风险。

企业在宣传推广过程中，可能存在擅自复制、剽窃、改变、翻译、传播他人作品，用于店铺或商品详情页面的排版设计、宣传图片、广告语、关键词、背景音乐、视频等，上传伪造的著作权登记证明或许可使用证明进行宣传。因此，企业在海外提供商品或服务、宣传推广过程开展的著作权风险排查和识别显得尤为重要。企业在海外发布宣传材料前，应对宣传手册、广告标语、产品说明书、现场演示软件、背景音乐等作品进行著作权检索、甄别、风险评估。

（五）投资并购环节

随着全球化的加速发展，企业跨境投资和并购活动越来越频繁。在这一过程中，知识产权风险的防范显得尤为重要。投资方和收购方不仅需要关注被投资和被并购对象是否存在侵权风险，例如专利、商标、商业秘密等方面的侵权，还需要关注其他合规风险，例如当地关于技术转让、出口方面的限制。此外，投资项目能否产出有价值的知识产权、并购企业是否存在有价值的知识产权以及这些知识产权的现值是否被高估等方面都需要仔细评估。

在企业跨境投资和并购活动中，知识产权风险是一个重要因素。为了更好地理解知识产权风险的类型和防范措施，本节将分别讨论专利风险、商标风险和商业秘密风险的界定和防范措施。

知识产权风险是指企业在投资和并购过程中可能遇到的与知识产权有关的法律风险。这些风险包括但不限于被投资或被并购对象的知识产权无效、知识产权存续期不足、知识产权许可范围不清晰、知识产权维持成本高昂、知识产权侵权诉讼等。

此外，在海外知识产权的引入过程中，企业可能面临众多合规挑战。这些挑战可能不仅降低商业利益，而且导致前期努力付诸东流，甚至带来严重的法律后果。因此，在此过程中，企业合规管理至关重要。首先，技术进出口需遵守我国相关法律法规。其次，全球主要经济体均有经济制裁相关规定，限制或禁止与特定实体进行交易。在引进海外知识产权时，需关注权利方是否受到制裁。

在全球化背景下，随着跨境人才引进的不断深入，跨境人才引进已成为企业发展战略的重要组成部分，知识产权风险合规管理问题也就日益凸显。为确保企业在引进海外人才时不触及法律雷区，需要高度重视知识产权保护及合规管理。

第三节　知识产权合规管理组织架构和管理职责

一、知识产权合规管理组织架构

企业应以尊重知识产权、倡导国际合作、合规经营价值观为导向，明确"走出去"知识产权合规管理工作内容，健全知识产权合规管理架构，制定知识产权合规管理制度，完善知识产权合规运行机制，加强知识产权合规风险识别、评估与处置，开展知识产权合规评审与改进，培育知识产权合规文化，形成重视知识产权合规经营的企业氛围。

（一）合规治理结构

企业应结合发展需要建立权责清晰的"走出去"知识产权合规治理组织构架，在决策、管理、执行三个层级上划分相应的合规管理责任。

（1）决策层以保证"走出去"企业知识产权合规经营为目的，通过原则性顶层设计，解决知识产权合规管理工作中的权力配置问题。

（2）高级管理层应分配充足的资源，建立、制定、实施、评价、维护和改进知识产权合规管理体系。

（3）各执行部门及境外分支机构应及时识别归口管理领域的知识产权合规要求，改进知识产权合规管理措施，执行知识产权合规管理制度和程序，收集知识产权合规风险信息，落实相关工作要求。

（二）合规管理机构

企业可根据"走出去"业务的性质、地域范围、监管要求等设置相应的知识产权合规管理机构。知识产权合规管理机构一般由合规委员会、合规负责人和合规管理部门组成。尚不具备条件设立专门合规管理机构的企业，可由相关部门（如法律事务部门、风险防控部门等）履行合规管理职责，同时明确合规负责人。

1. 知识产权合规委员会

企业可结合实际设立知识产权合规委员会，作为企业知识产权合规管理体系的最高负责机构，统领包括"走出去"知识产权合规管理在内的合规工作。企业也可设立"走出去"知识产权合规管理领导小组，专门负责企业海外经营业务中的知识产权合规管理。

2. 知识产权合规负责人

企业可结合实际任命专职的知识产权合规负责人或首席知识产权合规官，也可由法律事务负责人或风险防控负责人等担任知识产权合规负责人。知识产权合规负责人或首席知识产权合规官是"走出去"企业知识产权合规管理工作具体实施的负责人和日常监督者，不应分管与知识产权合规管理相冲突的部门。

3. 知识产权合规管理部门

企业可结合实际设置专职的知识产权合规管理部门，或者由具有知识产权合规管理职能的相关部门承担知识产权合规管理职责。

二、知识产权合规管理职责

（一）知识产权合规委员会（"走出去"知识产权合规管理领导小组）

知识产权合规委员会（"走出去"知识产权合规管理领导小组）一般应履行以下三个方面的合规职责。

（1）确认知识产权合规管理战略，明确知识产权合规管理目标。

（2）建立和完善企业知识产权合规管理体系，审批知识产权合规管理制度、程序和重大知识产权合规风险管理方案。

（3）听取知识产权合规管理工作汇报，指导、监督、评价知识产权合规管理工作。

（二）知识产权合规负责人

知识产权合规负责人或首席知识产权合规官一般应履行以下三个方面的合规职责。

（1）贯彻执行企业决策层对知识产权合规管理工作的各项要求，全面负责企业的知识产权合规管理工作。

（2）协调知识产权合规管理与企业各项业务之间的关系，监督知识产权合规管理执行情况，及时解决知识产权合规管理中出现的重大问题。

（3）领导知识产权合规管理部门，加强知识产权合规管理队伍建设，做好人员选聘培养，监督知识产权合规管理部门认真有效地开展工作。

（三）知识产权合规管理部门

知识产权合规管理部门一般应履行以下 11 个方面的合规职责。

（1）持续关注企业在我国及业务所涉国家或地区的知识产权法律法规、监管要求和国际规则的最新发展，及时提供合规建议。

（2）制定企业的知识产权合规管理制度和年度知识产权合规

管理计划，并推动其贯彻落实。

（3）审查评价企业规章制度和业务流程的知识产权合规性，组织、协调和监督各业务部门对规章制度和业务流程进行梳理和修订。

（4）组织或协助业务部门、人事部门开展知识产权合规培训，并向员工提供知识产权合规咨询。

（5）积极主动识别和评估与企业海外经营业务相关的知识产权合规风险，并监管与供应商、代理商、分销商、咨询顾问和承包商等第三方相关的知识产权合规风险。

（6）为新产品和新业务的开发提供必要的知识产权合规性审查，识别和评估新业务的拓展、新客户关系的建立以及客户关系发生重大变化等所产生的知识产权合规风险，并制定应对措施。

（7）实施充分且具有代表性的知识产权合规风险评估和测试，查找规章制度和业务流程存在的缺陷，并进行相应的调查。对已发生的知识产权合规风险或知识产权合规测试发现的合规缺陷，提出应对或整改意见。

（8）针对知识产权合规举报信息制定调查方案并开展调查。

（9）推动将知识产权合规责任纳入岗位职责和员工绩效管理流程。

（10）建立知识产权合规报告（模板）和记录的台账，制定知识产权合规资料管理流程。

（11）建立并保持与海内外监管机构日常的工作联系，跟踪和评估监管意见和监管要求的落实情况。

第二章　知识产权合规管理方法

第一节　知识产权合规风险识别、评估、防控

一、知识产权合规风险识别

"走出去"企业应当建立必要的制度和流程，以识别最新的"走出去"知识产权合规要求。

（1）企业可以围绕关键岗位或者核心业务流程，通过知识产权合规咨询、审核、考核和违规查处等内部途径识别知识产权合规风险，也可通过外部法律顾问咨询、持续跟踪监管机构有关信息、参加行业组织研讨等方式获悉外部监管要求的变化，识别知识产权合规风险。

（2）企业的海外分支机构可以通过聘请法律顾问、梳理行业知识产权合规案例等方式，动态了解、掌握其业务所涉国家或地区的政治、经济和法律环境的变化，及时采取应对措施，有效识别各类知识产权合规风险。

（3）企业可以基于知识产权的属性和知识产权信息全球化的特点，以对是否存在侵犯当地专利、商标、著作权等权利的合规风险进行识别。

二、知识产权合规风险评估

"走出去"企业应当通过分析违规或可能造成违规的原因、来源、发生的可能性、后果的严重性等，进行知识产权合规风险评估。

（1）企业可以根据企业的规模、目标、市场环境和风险状况确定知识产权合规风险评估的标准和知识产权合规风险管理的优先级。

（2）企业进行知识产权合规风险评估后应形成评估报告，供决策层、高级管理层和业务部门等使用。评估报告内容包括风险评估实施概况、知识产权合规风险基本评价、原因机制、可能的损失、处置建议、应对措施等。

（3）针对专利、商标、著作权等不同类型的知识产权合规风险的评估因素及方法，详见后续小节相关内容。

三、知识产权合规风险防控

"走出去"企业应建立健全知识产权合规风险应对机制，对识别和评估的各类知识产权合规风险采取恰当的控制和处置措施。在企业发生重大知识产权合规风险时，企业知识产权合规管理机构和其他相关部门应协同配合，依法及时采取补救措施，最大限度降低损失。必要时，应及时报告有关监管机构。

一般而言，"走出去"企业针对知识产权合规风险可采取合作（购买专利或获得许可）、对抗（主张知识产权无效或合理抗辩）等途径，具体内容将在后续小节介绍。

第二节　专利合规风险识别、评估和防控

一、专利合规风险识别

专利侵权合规风险识别的步骤主要包括分析对象确定、专利检索、专利筛选、技术比对、风险评估和风险防控等方面。

（一）分析对象确定

"走出去"企业需要确定风险识别分析对象和分析重点，方法包括产品技术分解和确认重点技术。

1. 产品技术分解

技术分解是对企业产品的技术主题按照技术构成、功能特性、工艺步骤进行划分，并形成不同级别的技术分支，最终确保专利技术文献能够对应技术分支。技术分解一般需要围绕目标技术主题进行，既要考虑后续开展专利数据检索的便利性，还要符合技术领域的技术逻辑层级，并得到企业技术人员的认可。技术分解既有助于界定专利侵权风险分析的技术范围，准确反映产品技术

的整体情况，又能明确产品技术由粗到细不同级别的技术构成，为后续确定专利检索要素和专利检索策略，梳理分析的技术关键点，聚焦侵权风险分析重点提供基础。

技术分解基本原则是按照技术领域的基本理解逻辑，聚焦结构和功效。根据分析目的不同，技术分解也可以从不同的视角切入。通常，针对某项技术的技术分解可以从解决问题、工艺流程、技术组件、材料构成、标准协议入手，针对某个产品的技术分解更多聚焦模块、组件、工艺、材料等，针对应用的技术分解则更关注对象和协议。

在技术分解时，不同层级的技术分支可根据风险分析需求，以不同的分类方式予以组合搭配。以区块链为例，它属于计算机技术的新型应用模式，该技术的边界范畴不是很清晰。从技术角度切入，技术分支主要涉及区块链数据结构的底层技术；从应用角度切入，技术分支主要涉及区块链与具体行业场景结合后的应用。技术分解时可以根据风险分析的需要进行不同角度的技术分支组合。

2. 确认重点技术

当企业海外主营产品线较多时，需要对专利合规风险识别的对象范围进行选择。主要考虑的因素包括占据企业海外经营业务比重、专利密集程度、技术含量高低等。除了从产品重要程度明确重点技术，还可以从企业的供应链角度进行确认，对于企业自行研发的技术或者产品需要重点关注。此外，由于一种产品往往包含许多项技术，在对某一种产品开展专利合规风险识别时可以重点关注该产品的基础技术、上游关键技术以及企业相对薄弱的技术点。

企业可以从产品和项目的整体架构出发，从多个技术角度保护技术点，同时需要考虑向上下游产业和其他相关产业的延伸可能性。

（1）围绕产品和项目的整体架构。

企业需要构建相互关联的专利网来保护其核心技术和产品。布局少量的专利可能无法抵御来自竞争对手的挑战，而进一步开发外围应用技术并申请专利可以加强专利布局。例如，在医药行业，原研药企业通过构建有效的专利体系来延长药品的保护期。除了核心化合物专利，原研药企业还申请了优选化合物、药物剂型、制备工艺、二次药用等方面的专利，构建严密的专利保护网。

（2）基于产业链延伸。

专利竞争不仅限于同行业竞争，若能将专利优势渗透上下游及相关行业，可增强企业在产业链中的话语权，为技术拓展提供保障。以杜邦公司为例，该公司除了对高分子纤维产品的结构、组合、制备方法等申请专利，还布局了大量下游产品相关的专利，影响下游企业的供应商选择。因此，我国企业在全球化中还需要挖掘属于自己的专利技术，设立具体的专利规划，利用专利增强竞争力，并参与制定行业技术标准，寻求将专利技术纳入标准。企业应认识到，专利布局是复杂的工作，需要多方面人员的参与，并需要随着行业发展、竞争对手研发和市场动向不断调整。

（二）专利检索

为确保能够检索到所有的相关专利，一般情况下，需要分别针对产品技术主题和目标企业开展检索。其中，针对目标企业的检索是为了弥补针对产品技术主题检索中的疏漏，确保专利侵权风险分析尽可能地囊括潜在的风险专利。

1. 针对技术主题检索

针对确定产品或者技术的专利检索流程主要包括确定检索的技术目标、收集和整理检索要素、构建检索式、修正检索式等步骤。

（1）检索式的编写。

编写检索式的首要工作是确定检索的技术目标。具体工作是对检索的产品或技术对象进行讨论，对其技术方案进行解读和归纳，形成技术分解表。

技术分解表形成之后可以开展检索要素的收集和整理工作。检索要素可以先查找与目标产品或技术整体相关的关键词与专利分类号，再分别查找与技术分解表中与各个技术分支相关的关键词与专利分类号。专利文献在词语表达上与一般性文件不同，具有多样性、复杂性的特征，因此关键词的收集往往成为专利检索中的一个重要环节。为保证检索结果的全面性和准确性，企业需要全面收集和整理相关的关键词来构造检索式。其中，特别重要的是收集本领域特有的专用词汇。在查找确定关键词的过程中，需要注意的是，对于一些含义广泛、跨领域应用的词语需要慎重纳入检索关键词范围。构建检索式时，一般情况下采取关键词与专利分类号，例如国际专利分类号（IPC 分类号）、联合专利分类号（CPC 分类号）等相结合的检索方式进行检索。结合技术分解表中技术分支之间的关系，通过"与""或"等关系字符将关键词和分类号合理地编写在一起，形成综合检索式。

（2）检索的实施。

根据检索产品所涉及技术的复杂度，检索方式也有所不同。在侵权检索中，技术内容较为单一，如化学、零部件等产品，实践中往往是作为一个整体侵犯现有专利权利。对于这类产品，可以直接根据产品的类别、结构、材质、物理或化学性质等特点进行检索。复杂的技术产品往往涉及跨领域技术的集成，在产品上综合了不同技术方面的研发结果，其作为一个产品整体可能侵犯他人专利权利，其中用到的原材料、零部件也可能侵犯他人的专利权。如计算机，其结构外形、处理器、主板都可能存在侵权风险。因此，前期的技术分解非常重要，复杂的产品或者技术可以选择合适层级的技术分支开展检索。

为确保检索结果的全面性和完整性，在进行专利检索、数据筛选和相似性比对的过程中，需要根据结果不断补充检索关键词，修正检索式的表达，最终形成较为理想的检索式。

检索完成后，需要对检索结果的查准率和查全率进行评价。查准率的评价较为简单，可以随机抽取一定数量的专利，通过初步浏览判断准确数据的比例。查全率的评价，可以通过事先选择一部分与目标产品或技术明确相关的专利，在检索结果中寻找以判断检索结果是否覆盖了所有相关专利。

2. 针对目标企业检索

由于企业所面临的专利侵权合规风险通常来自与其存在市场竞争关系的企业。直接针对竞争对手进行专利检索是发现风险专利较为快捷的途径。另外，针对目标企业开展检索，也可以对技术主题检索获取的结果起到查漏补缺的作用。

目标企业的对象一般包括四种，分别为：①正在与企业直接发生海外市场竞争关系的同行企业，即当前的竞争对手；②曾经在行业内占据重要地位但逐渐退出市场的企业；③未来可能与本企业发生市场竞争关系的企业，即潜在的竞争对手；④以专利运营为主，自身并不直接参与产品的研发、培育等活动的非专利实施主体。

> 非专利实施实体（None practical entity，NPE）也叫非实施经营实体、非专利运营主体。不管其具有何种称谓，其实质是拥有专利权的主体本身并不实施专利技术，即不将技术转化为用于生产流通的产品。

加拿大某公司诉杭州某科技公司专利侵权案

基本案情： 2021 年 4 月，加拿大某公司向美国得克萨斯西区联邦地区法院提起诉讼，认为杭州某科技公司诱导客户、商业合作伙伴、用户间接侵犯其专利权，要求其承担赔偿责任。杭州某科技公司通过分析，认为其涉案产品与加拿大某公司专利存在明显差异，不存在侵权事实，遂告知加拿大某公司准备启动多方复审程序。经过五轮沟通谈判，2021 年 7 月，双方签署和解协议，加拿大某公司撤诉。

评析： 该案为浙江企业有效应对海外专门通过专利诉讼侵权而获取利益的非专利实施实体的典型案例。在纠纷应对过程中，杭州某科技公司深入了解控方情况，准确分析涉案专利的不侵权理由，掌握对手主要弱点，争取谈判主动权，积极谋求和解，最终以和平方式解决纠纷，既节省了诉讼成本，又有效维护了自身权益，对化解此类涉外专利侵权纠纷具有一定的参考价值和借鉴意义。

数据来源：2023 年 2 月浙江省市场监督管理局（知识产权局）发布的海外知识产权纠纷应对典型案例。

康文森公司与华为公司专利纠纷案

基本案情： 康文森公司是一家非专利实施实体，2011 年购买了诺基亚公司约 2000 项专利及专利申请，其中包括部分移动通信标准必要专利。自 2012 年以来，康文森公司曾在英国高等法院、德国杜塞尔多夫地区法院和我国多地起诉包括中兴通讯股份有限公司、华为技术有限公司等多家公司，并就管辖权异议起诉到我国最高人民法院。康文森公司与华为技术有限公司确认不侵害专利权及标准必要专利许可纠纷案中，申请人华为技术有限公司于 2020 年 8 月 27 日向我国最高人民法院申请行为保全，请求责令康文森公司在该案终审判决作出之前不得申请临时执行德国杜塞尔多夫地区法院就康文森公司诉华为技术有限公司及其德国关联公司侵害标准必要专利权纠纷案件作出的一审判决。2020 年 8 月，我国最高人民法院在要求华为技术有限公司提供相应担保的情况下，综合考量了必要性、损益平衡、国际礼让等因素，作出了行为保全裁定。

评析：该案是在我国趋向更加严格同时又需要合理防止滥用保护知识产权的双重视角的实践观下形成的典型案例，首次对于滥诉者发出禁诉令，有利于维护我国创新企业的合理正当利益。

数据来源：《人民法院报》评选 2020 年度人民法院十大案件。

（三）专利筛选

为保证专利检索数据的全面性，在前期的检索式中一般会引入较多的关键词和分类号。但是，过多的关键词和分类号也会影响检索结果的准确性，导致检索结果中含有部分无关专利文献。因此，在检索式固定、检索结果已经明确的情况下，必须对检索结果中的专利进行筛选整理，以剔除不相关的专利，保留与专利合规风险分析目标主题有关的专利。

实践中，企业往往采用专利合规风险分析人员与企业技术专家共同合作、分别负责的方式对检索结果进行筛选，以确定较为精确的分析样本。首先，由专利合规风险分析人员以浏览专利标题和摘要的方式对检索结果进行第一步筛选，排除绝对不相关的专利。其次，由企业技术专家团队对第一步的筛选结果作进一步的筛选，以关联度高、中、低等方式对专利数据进行标注，同时再次排除不相关的专利，确定最终准确的专利检索结果。

> 风险专利分析的基本数据信息主要是专利文献信息、普通技术信息、经营管理信息等，其中以专利文献信息最重要，普通技术信息、经营管理信息往往仅起到补充和验证的作用。在完成基本数据信息的采集整理后，必须对其作进一步的处理、加工、筛选和分析整理。企业应针对专利文献中的著录项目、技术信息和权利信息进行组合统计，通过数据过滤筛选、数据清洗和数据验证等加工分析步骤，将有用的专利信息进行分析和归类，整理出直观且易于判断的数据结果。

分析人员应重点对本领域的技术发展趋势、竞争态势、竞争对手有一个相对全面的了解，从而发现专利风险并积极应对专利风险，制定更符合自身实际的研发和知识产权管理方向。

分析人员按照以下六个方面整理专利数据信息。

（1）与企业目前业务和产品相同或相类似的专利；

（2）与企业未来业务和拟发展的技术方向相关的专利；

（3）目前或将来与企业存在竞争关系的竞争对手的专利；

（4）已经进入或被相应技术标准采用的专利；

（5）在行业内同一技术领域中频繁发生纠纷、诉讼的专利；

（6）行业中为前沿技术领域的专利等。

依据关联和/或相似的程度对专利文献进行标注。在这些关联专利的基础上，重点研究这些专利的专利类型、技术重叠程度、权利保护范围，以及专利权的存续期限。发现和归纳存在重大专利风险的专利，存在侵权或被侵权风险的专利，以及被纳入相应技术标准的专利。

对专利风险的分析、发现和归纳的过程，应当是动态的、不断完善的和更新的过程，以随时展现当前和将来同行业、同技术领域的竞争态势和风险状况。

（四）技术比对

专利检索结果确定后，下一步需要对其中的专利与企业产品或技术进行比对，考查专利权利要求与企业的产品或技术方案之间的关系，判断企业的"产品"或"技术"与专利权利要求描述的技术方案是否相同或等同，以明确专利合规风险。实践中，专利检索结果中的专利与企业产品的关联程度、技术比对的工作可以按照关联度的高、中、低顺序进行。一般情况下，技术比对分为技术特征划分与技术特征比对两部分工作。

1. 技术特征划分

因为在专利侵权判定中采取的是"技术特征逐一比对"的方式。因此，在判断企业的"产品"或"技术"与专利权利要求描述的技术方案是否相同或等同时，首先要对专利权利要求和企业产品或技术进行特征划分，才能进行特征对比，判断被控产品或技术是否构成相同或者等同。

技术特征划分是指将专利权利要求和企业产品或技术分解成能够相对独立地执行一定功能、产生相对独立的技术效果的最小技术单元。对技术特征的划分应当首先对专利的权利要求进行划分，在准确划分专利权利要求的技术特征的基础上，再对企业产品或技术的对应技术特征进行分析。

具体可按如下流程操作：对专利的权利要求进行技术特征分划分，对企业的产品或技术进行技术特征划分，制作"专利权利要求"、企业的产品或技术的技术特征对照表。

2. 技术特征比对

在专利权利要求和企业产品或技术的技术特征划分完成后，需要对技术特征开展比对。技术特征比对需按照全面覆盖原则进行，即全面考虑专利权利要求中的每一个技术特征，只有被控侵权技术方案包含了专利权利要求中的所有技术特征时，才会被认定侵权成立。因此，如果企业的产品或技术中包含对比专利的权利要求中记载的全部技术特征，则可以判定该专利为风险专利，需要重点关注。

当适用全面覆盖原则不能得出产品与引用专利类似的结论时，应当适用等同原则继续进行判断：如果企业的产品或技术中除了与对比专利相同的技术特征，其余技术特征分别与对比专利的相应技术特征构成等同，则可以认定该"产品"或"技术"仍然落入对比专利的保护范围，该专利同样属于风险专利。

在进行比对判断时，要注意对专利的所有独立权利要求和从属权利要求逐一进行判断。技术比对分析一般由企业自身的技术人员、知识产权部门人员以及专利合规风险分析工作人员共同组成技术对比分析团队具体实施。专利合规风险分析工作人员一般会通过专利权项对比表（claim chart）来判断侵权风险，专利权项对比表也称权利要求对照表或者侵权对照表，即将专利的权利要求特征与涉案产品的技术特征进行比对，从而判断相对应的技术特征是否相同或者等同。

苹果公司诉 HTC 和黑莓公司诉 Facebook 的专利权项对比表（US5946647A）

权利要求	涉案产品
1. 一种用于检测数据中的结构并对所检测的结构执行动作的基于计算机的系统，包括：用于接收数据的输入设备；	被指控的 HTC Android 产品包含一个基于计算机的系统，用于检测数据中的结构并根据检测结构执行操作，还包括一个用于接收数据的输入设备。例如，HTC Nexus One 包含一个 3.7 英寸 AMOLED 触摸屏。（例如 26 - A，Nexus One 用户手册第 327 页）因此，Nexus One 包括一个输入设备来接收计算机数据，它将检测电子邮件和 SMS 等数据中的结构，例如电话号码和电子邮件地址消息。（例如 26 - A，Nexus One 用户手册第 208 页）例如，Nexus One 中的功能包括 Android 的"Linkify"功能，该功能"获取一段文本和一个正则表达式并将所有的正则表达式匹配文本中的可点击链接。这对于匹配电子邮件地址、网址等内容并使它们可操作特别有用。"

	（例如 26 - B，Android 开发人员站点 Linkify.java）特别是，Android 的"Linkify"引擎中的匹配功能会搜索文本字符串以查找代表 Web URL、电话号码、电子邮件地址和地图地址的结构。
用于呈现数据的输出设备；	被指控的 HTC Android 产品包含一个用于呈现数据的输出设备。例如，HTC Nexus One 包含一个用作输出设备的 3.7 英寸 WVGA AMOLED 触摸屏。（例如 26 - A，Nexus One 用户手册第 327 页）
存储包括程序例程的信息的存储器；	被指控的 HTC Android 产品包含一个内存，用于存储包括程序例程在内的信息。例如，HTC Nexus One 包含 512MB 的闪存，存储程序例程，包括手机的 Android 操作系统和手机上的应用程序。（例如 26 - A，Nexus One 用户手册第 327 页；另见第 318 页）

分析器服务器，用于检测数据中的结构，并将动作链接到所检测的结构；

被指控的 HTC Android 产品包含至少一个分析服务器，用于检测数据中的结构并将操作链接到检测到的结构。例如，Nexus One 包括一个分析器服务器，用于检测电子邮件和 SMS 消息等数据中的结构，例如电话号码和电子邮件地址。（例如 26 - A，Nexus One 用户手册第 208 页）例如，Nexus One 中的分析器服务器包括 Android 的 "Linkify" 功能，它 "获取 [s] 一段文本和一个正则表达式并转换文本中的所有正则表达式都匹配到可点击的链接。这对于匹配电子邮件地址、网址等内容并使它们可操作特别有用。"（例如 26 - B，位于 Linkify. java 的 Android 开发人员站点）具体来说，Android 的 "Linkify" 引擎中的匹配功能会搜索文本字符串以查找代表 Web URL、电话号码、电子邮件地址和地图地址的结构。

用户界面，能够选择检测到的结构和链接的动作；

被指控的 HTC Android 产品包含一个用户界面，可以选择检测到的结构和链接的动作。例如，Nexus One 包含用于浏览 Internet 和查看电子邮件消息或对话历史记录的应用程序。这些应用程序提供了一个用户界面，允许用户选择检测到的结构和链接的动作。例如，Nexus One 的"浏览器"应用程序将使网页中找到的所有电话号码都"可链接"给用户——也就是说，它们将被突出显示并加下划线。然后，用户可以通过点击选择一个电话号码，这将导致一个链接操作发生，例如将号码发送到电话应用程序。（参见 Ex 26 – A，Nexus One 用户手册第 208 页）

以及动作处理器，用于执行链接到所选择的结构的所选择的动作；

被指控的 HTC Android 产品包含一个动作处理器，用于执行链接到选定结构的选定动作。

以及一处理单元，耦接至该输入装置，该输出装置及该存储器，用以控制该些程序例程的执行。

例如，当用户在 Nexus One 的"浏览器"应用程序中单击链接的电话号码时，Nexus One 将启动"电话"应用程序并将所选电话号码导入电话应用程序。（例如 26 - A，Nexus One 用户手册第 78 页；另见第 208 页）

被指控的 HTC Android 产品包含一个与输入设备、输出设备和内存相连的处理单元，用于控制程序例程的执行。例如，Nexus One 包含一个 Qualcomm QSD 8250 "Snapdragon" 1 GHz 处理器，用于控制程序例程的执行。（例如 26 - A，Nexus One 用户手册第 78 页；另见第 208 页）

（五）其他风险识别和风险防控

除了专利侵权合规风险，企业在海外经营业务还会遇到其他方面的专利问题，包括专利权属、专利权利的稳定性、专利许可转让情况及公允性等问题。

专利权属风险主要是指企业专利权权属方面的瑕疵可能引起的纠纷。相较于专利侵权风险的分析，专利权属风险的分析较为简单。专利权属风险主要来自企业对外委托开发、合作申请产生的专利以及职务发明专利。

为了了解潜在的专利权属风险，企业需要对专利的来源、取得方式和时间、是否合法有效存续，是否存在被终止、宣告无效的情形，专利发明人与申请人的关系以及共有权属的专利情况开展调查分析，逐件核查专利权属问题并提前进行处置。对于专利权属存在争议且争议专利对企业主营业务较为重要的情况，企业应提前通过谈判、购买等方式取得专利所有权，避免审核过程中出现专利权属纠纷。

二、专利合规风险评估

对检索结果的专利进行比对后，企业就能明确具体的风险专利。在实践中，即使存在风险专利，专利持有人也不一定发起诉讼。即使遭遇诉讼，每件风险专利对企业造成的影响也可能不同。因此，为给后期专利侵权风险的防控工作提供指引，企业需要对专利侵权风险开展评估，包括风险发生可能性、风险影响评估等。

（一）专利合规风险发生可能性评估

专利侵权风险发生可能性评估需要从风险专利的威胁程度、

行业专利诉讼风险度、风险专利持有人诉讼实力三个维度评价。一般而言，风险专利威胁程度越大、行业专利诉讼发生频率越高、风险专利持有人具有过往专利诉讼经历、企业与专利持有人竞争关系越激烈，专利侵权风险发生的可能性就越大。

1. 风险专利威胁程度

评价专利威胁程度需要综合考虑技术重要程度、可替代性、侵权行为发现难易程度、被引证频次等指标。

（1）专利技术的重要程度主要指风险专利相关技术在海外销售产品或技术的重要性。

（2）专利技术方案的可替代性，主要是指从技术、成本、性能等方面对风险专利技术是否存在可替代技术方案、是否容易规避设计等。一般而言，越难以被替代的专利技术方案，如果想做到完全不侵权，其所付出的成本会越高，该专利对企业的威胁就越大。

（3）侵权行为发现的难易程度，主要是指风险专利技术方案实施后被发现的难易程度以及被发现后是否容易举证。越难被发现或者越难被举证发现的专利，其威胁程度越小。一般而言，侵权行为发现的难易程度往往与权利要求的主题存在一定关系。例如，权利要求主题保护产品、结构等的专利往往较易发现侵权，而涉及制造工艺、检测技术等的专利往往在实施后难以被发现侵权行为。

（4）特殊考虑因素，包括标准必要专利、已经进行转让或许可的专利、发生诉讼或争议的专利、被引频次较多的风险专利等。

2. 行业专利诉讼风险度

对行业诉讼风险度的评价需要综合行业过往专利纠纷发生频

率、专利纠纷的处理结果、专利纠纷对相关企业的影响以及行业市场规模和成长性等因素。

（1）专利纠纷发生的频率是指以往一定时期内行业发生专利纠纷的次数，频率越高，表明行业中的企业更倾向于通过专利诉讼开展竞争，因而专利合规风险发生的可能性越大。

（2）专利纠纷的处理结果在一定程度上可以反映纠纷解决的方式、后果。企业要依据相关信息制订诉讼防控应对策略并预判诉讼的处理结果。

（3）行业海外市场规模和成长性可以反映企业面临的市场竞争激烈程度，预期市场规模越大、成长性越高，专利合规风险发生可能性也越高。

3. 专利持有人的诉讼实力

专利持有人的诉讼实力主要是指相较于企业，风险专利权人的专利诉讼能力。

（1）风险专利权人的攻击性，可以通过其与企业的商业关系以及其以往专利诉讼经历、习惯进行评估。

（2）风险专利权人的攻击实力，可以通过专利权人在相关领域的专利储备情况进行评估。

（二）专利侵权风险影响评估

专利纠纷对相关企业的影响主要是指以往专利纠纷对被告企业市场行为的影响，例如赔偿额度和制裁措施等。

专利侵权风险发生后的影响评估包括财产损失、非财产损失、业务受限等方面。

财产损失主要是指专利侵权风险发生后，可能给企业造成的经济损失。一般专利诉讼发生带来的经济损失主要包括经济赔偿、诉讼费用、停止侵权所带来的损失（如产品停止销售带来的投资、营收等损失）。对于所有的经济损失，需要结合企业的业务规模、经营利润等因素综合评判其是否对企业主营收入造成影响。

非财产损失主要是指专利侵权风险发生后对企业海外经营业务形象的影响。专利侵权风险发生后，企业可能发生客户流失、商誉降低等情况。评估非财产损失，需从重建客户关系、恢复信誉等所需要投入的成本入手。

业务受限主要是指专利侵权风险发生后，对企业研发计划推进、产品销售等日常经营活动造成的影响程度。专利侵权风险发生后，企业相关研发项目可能暂停、终止或者需要调整，产品销售工作可能暂停。

三、专利合规风险防控

根据专利侵权合规风险发生的背景和实际状况的不同，企业防控的措施也有多种类型，总体上包括风险消除、风险转移、风险降低等方式。

风险消除是指企业通过采取各种措施避免风险发生。例如通过规避设计绕开风险专利保护范围、提起无效宣告申请使风险专利权利失效、主动寻求专利许可提前处置风险等。

风险转移指企业通过采取控制措施，将专利侵权风险转移给第三方。例如通过合同约定的方式将专利合规风险转移给委托方或合作开发方、零部件（原材料）供货商。

风险降低是指企业通过采取控制措施，降低风险发生的可能性和造成的损失。例如通过专利挖掘、专利收购、企业并购等措施提高企业的专利对抗能力，对风险专利持有人形成反制威慑。

在选择和制定专利合规风险防控策略时，企业应该结合对专利合规风险的评估结果以及企业产品或技术特点、策略时效性等因素进行决策。

首先，企业需要考虑措施的可行性。防控措施是否可以实施有赖于企业自身的实力和相关的外部环境。而且，企业因所处的时间段特殊，需要特别考虑措施的时效性。例如实施规避设计和专利挖掘，需要企业本身具备一定的研发能力；实施专利收购、企业并购则对企业本身的经济实力、管理能力有较高要求。另外，不同的防控措施使效果实现的周期也不同。例如规避设计、专利挖掘往往需要较长的时间才能实现效果，对于企业已经不再适用。

其次，企业需要考虑的另一因素是成本和效益。专利合规风险的防控最终目的是确保企业海外经营业务的正常开展。无论采用哪种防控措施，企业都需要投入一定的成本。防控措施的实施成本与风险消除或者降低的效果需要对比考虑。

在具体的措施方面，专利无效宣告请求、收购风险专利或者获得风险专利许可是直接消除专利侵权风险的有效手段。其中，对风险专利无效宣告请求措施需要付出大量的时间和人力成本，该措施主要用于剔除个别风险点。作为风险的预防，可以提前对一些风险专利收集无效宣告请求证据，以便为将来可能的专利无效宣告请求措施做好准备。对一些风险系数比较高的专利以第三人的方式提前提起专利无效宣告请求。

无论是规避设计还是其他途径，企业都需要付出一定的时间和经济成本。在适当情况下，企业提前收购专利、寻求专利许可不失为一种提前处置专利合规风险的措施。

第三节 商标合规风险识别、评估和防控

一、商标合规风险识别

"走出去"企业在拓展海外业务进程中遭遇的商标合规风险主要包括一般商标近似侵权，侵犯他人驰名商标权益，侵犯他人著作权、外观设计权、名称权、姓名权、肖像权等在先权利，申请注册商标遭遇异议或已注册商标遭遇撤销或被宣告无效。此外，还包括因未提前布局商标而面临被抢注的风险。通常来说，商标抢注经常发生在竞争对手之间以及当地代理商和中国品牌商之间。例如，海信、大宝、五粮液等企业准备向海外"走出去"的时候，

却遭遇自己的商标在第三国无法使用、商标被抢注的尴尬与无奈。上海冠生园食品有限公司的"大白兔"商标在日本、菲律宾、印度尼西亚、美国和英国都曾被抢注。在经济、市场日益全球化的今天，海外商标抢注俨然已成为中国企业"说不出的痛"。由于中国企业商标保护意识薄弱，忽视商标注册，企业商标被外商抢先注册或者假冒，甚至为他人占为己有，导致市场份额被一点点蚕食，逐渐被挤出海外市场。

西门子在欧洲抢注海信集团商标系列案

"Hisense"是位于我国山东青岛的海信集团有限公司（以下简称"海信集团"）的英文商标，经过多年苦心经营，"Hisense 海信"商标已成为国内外知名品牌。早在1999年1月，国家工商行政管理总局商标局正式认定海信集团的"Hisense""海信"商标为驰名商标。几乎同时，德国西门子集团下属的博世－西门子公司（以下简称"西门子"）在德国抢先注册了"HiSense"商标，与"Hisense"商标仅有微小的差别。此后不久，1999年7月，该公司又申请了马德里国际商标注册和欧盟商标注册，使海信集团在欧盟地区的"Hisense"商标注册受阻。

2002年年底，西门子以海信集团多次在德国参加展览会，使用"海信"商标为由，状告海信集团侵权。海信集团积极应诉，并要求德国商标局依法撤销西门子注册的"HiSense"商标。从2002年年底开始，海信集团与西门子多次就商标抢注和转让问题进行磋商。2003年9月，海信集团提出愿意出5万欧元作为注册的补偿，2004年2月，西门子要求海信集团支付商标转让费4000万欧元。海信集团无法接受，导致商标转让的谈判陷于僵局。

西门子抢注海信集团商标案在中国引起强烈反响。2022年2月24日，中华商标协会邀请了商务部、最高人民法院、商标局、国家知识产权局等有关部门和知识产权界的专家学者，举办"中国商标海外维权研讨会"，就中国商标海外维权的课题进行了专题研讨。

据西门子方面称，西门子注册"HiSense"时，并不知道其是海信集团的商标，一再强调这只是一种巧合，但海信集团认为，西门子进入中国市场多年，也曾与海信集团有过合作。西门子不可能不知道"海信"这个品牌，且其在国外注册"HiSense"商标的时间也是在"海信"商标被确认为"中国驰名商标"后不久。海信集团过去主要在亚洲和非洲市场，而且已经在亚非的40多个国家和地区注册了"海信"商标，经过在国际市场多年的打磨和沉淀，在海信集团认为已经具备进军欧洲市场的实力时，却发现"HiSense"商标已被西门子抢先注册，这给海信集团进军欧洲市场带来了不小的影响。

目前在"HiSense"无法使用的情况下，海信集团只得在欧洲另注册了"Hsense"商标。但是该新商标在知名度、影响力方面和"HiSense"有着较大的差距，海信集团还是希望通过法律的手段夺回"HiSense"的所有权。

海信集团和西门子经过多次协商，发表联合声明，西门子同意将其在德国及欧盟注册的"HiSense"商标一并有偿转让给海信集团，同时撤销针对海信集团的商标诉讼，海信集团亦撤销针对西门子的所有商标注册申请。

欧美国家通过商标抢注制造知识产权纠纷，已开始成为某些跨国公司为中国企业进入欧美市场设置贸易壁垒的一种新形式。西门子注册了"HiSense"商标后，并没有大规模地将其用于产品，而是将其束之高阁。但是，因为商标被抢注，海信集团的等离子电视、液晶电视、变频空调等产品不能"名正言顺"地进入欧盟市场。因此，西门子抢注"HiSense"商标是一种恶意行为，目的就是采用一种非关税壁垒的措施阻止海信集团的产品进入欧洲市场。

（一）商标权属确认

企业商标权属的确认比较简单，主要是针对企业已经在海外经营业务中使用或者短期内即将使用的在海外经营业务区域的商标权属进行分析确认。因此，企业可以针对容易出现问题的环节进行专门排查确认。

排查范围包括：①商标是否尚未注册；②已注册商标是否已及时续展；③注册商标是否存在侵害他人驰名商标或使用特定地点及商品通用名称等权属争议；④转让商标或出资商标权属是否已变更至公司名下；⑤被许可商标原始权属状态是否有所变化等。

（二）商标检索查询

商标检索查询是识别、判断商标风险的基础。检索查询分为数据库检索和市场检索两部分。数据库包括综合性商标数据库和专门性商标数据库，企业通过数据库检索可以有针对性地查询目标国商标注册情况，了解在目标国家已经获准注册的商标的情况；未注册商标申请注册的成功机率，提前预判可能遭遇的驳回、异议等情况，避免造成对他人注册商标权利的侵犯。通过市场检索，企业可以了解本行业商标的使用情况及是否存在侵权或被抢注的风险。

商标侵权风险分析对应的商标检索查询主要包括以下四个方面的内容。

1. 确定查询的类别和类似商品服务群组

企业要先期确定在海外经营业务中已使用商标的业务主要有哪些类别，并对应到《类似商品和服务区分表》以及具体的商品服务群组。由于区分表与实际的商品服务不完全一致，有的情况下某些业务难以直接被归类到某一个群组，这就需要结合业务特点，确定相关的一个或多个群组。比如 App 分类，各行各业在经营过程中都可能使用 App 作为工具，App 程序并非企业经营业务的本质，点外卖、打车、维修等业务才是其服务的本质。

2. 查询在先相同或近似商标

企业以确定好的类似商品服务群组为基础，检索查询在海外经营业务国家或地区在先相同或近似商标（以下简称"在先商标"）。在策略上，企业可以先进行相同商标检索查询，再进行近似商标检索查询。近似商标检索查询除查询已使用商标本身，还需要对其显著部分进行查询，如"恒大地产"的显著部分是"恒大"。具体视商标本身的情况而定。由于注册商标数量巨大，多数情况会有在先商标，必须保证在先商标的检索全面性。不能根据在先商标的近似程度人为排除一些近似程度稍低的商标。有些商标近似程度不高，但商品关联性更强，甚至该商标权利人维权的可能性更高，潜在风险也更大。在检索查询的在先商标比较多的情况下，应当按照申请注册时间排序，而不应按近似程度排序，以便对相关权利的先后作出判断。

3. 核实商标的确切状态

企业在近似商标查询后需要进一步核实在先商标的状态。如果查到的商标正在申请中，则需要进一步分析其注册成功的可能性，驳回可能性高的商标一般不构成主要障碍（当然也存在提起复审等不可预测因素）；驳回可能性低的商标则可能构成难以解决的障碍。如果商标已经注册，则核实和分析其权利的稳定性，比如是否可能被撤销或者无效。如果注册商标已满不使用撤销的年限，则可考虑撤销该商标的可行性。如果正在被异议、被无效宣告、未使用被撤销或者有相关记录，则要考虑商标是否存在除了申请人之外的其他利益诉求主体，这种情况下的潜在风险更需要警惕。注册时间非常长的商标，则应关注该商标是否有按时续展，并进一步了解其注册人是否已注销等。

除了商标状态信息，企业还可以进一步核实其他有价值的参考信息。比如注册人名下商标数量是多还是少，查到的近似商标属于注册人的核心类别还是非核心类别，是重要商标还是非重要商标，注册意图是使用、出售、防御，还是储备等。不同情形下的风险程度和对应策略都会有所差别。

4. 商标附属信息查询

首先，企业需要核实商标注册人及其经营信息。比如通过企业信用网站等核实注册人是否有被注销或吊销的情况，是否有经营在先商标所涉业务的资质，是否具备使用在先商标的条件。企业规模大小及产品情况如何，是否生产经营在先商标所指定商品等。其次，企业需要核实与商标注册人及关联企业所处的地域范围是否相近。企业可以通过网络查询商标的使用信息，是否涉及在先商标的使用，具体使用在什么产品上，与企业拟使用业务的关联性如何。此外，企业还可以关注商标注册人是否发起过侵权诉讼，或者行业内侵权诉讼是否频发等。

5. 侵犯其他在先权利的查询

虽然实践过程中发生较少，但是使用商标有可能侵犯其他在先的知识产权权利，包括侵犯在先著作权的风险、侵犯在先姓名权、字号，使用商标标识使用了需要付费的字体库但未付费等情形。因此，除了检索查询在先商标，企业还要防控可能关联的其他知识产权类型进行查询。

6. 市场检索查询

对市场使用商标情况进行查询，企业可以及时发现对企业自身商标侵权的情况；在商标未注册的情况下，企业进行基本的网络搜索和市场调查，可以避免未注册商标侵犯他人商标权。另外，虽然大多数国家或地区实行商标权注册取得制度，但在有些考虑商标在先使用的国家或地区，先使用的商标比与其近似的注册商标享有更早的商标权利，因此，企业进行市场检索查询可以有效规避后续使用和注册时的风险。

二、商标合规风险评估

商标侵权风险判断除了考虑商标本身的近似程度和商品关联程度，还需要结合多方面因素进行综合考量。

（一）近似判断的尺度

一般来说，商标相同或近似程度高的，侵权风险会比较高。需要注意的是，商标使用风险评估中的商标近似判断与商标注册审查过程中的判断尺度有差异，大体来说是前者的判断更宽松，后者的判断更苛刻。

（二）商品关联性的影响

商品关联性越强，侵权风险越高。道理很通俗易懂，但是在查询和评估过程中经常容易忽视这方面问题，比如侵权判断时并没有充分考虑与在先商标指定商品的相关性，不加区分地只对标识近似程度进行判断。具体表现在，不区分商品到底是完全相同还是按照区分表类似，甚至出现上文提到的对商品信息核实不够准确，在某些关键群组商品已经被驳回的情况下仍认为侵权风险较高。如果商品按照《类似商品和服务区分表》相同，判断时需要更加谨慎。另外，商标侵权案件中的商品类似判断，存在个案认定的问题，会有一些主观判断的因素，需要结合商品本身的关联程度以及在先案例进行综合评估。参考在先案例时需要注意个案差异。

（三）在先商标的显著性

商标的固有显著性会影响侵权判断。如果查到的在先商标属于行业内的通用词汇，或者对商品原料、成分、功能、用途、型号等特点存在描述性，则显著性相对弱，被判为侵权的可能性相对稍低；如果在先商标不属于日常生活中的固定搭配，而是由注册人臆造而成，则显著程度更高，使用该商标的侵权风险会相对更高。

（四）在先商标使用情况

查到的在先商标如果已经使用，则意味着对其注册人的价值会更大，注册人的重视程度更高，维权的可能性也就大一些，并且排除这些在先商标的可能性也就越小。如果在先商标没有使用，或者没有使用可能的，则发生侵权诉讼的可能性相对稍低，或者被判为侵权的可能性相对稍低，或者赔偿额会相对更低。如果在先商标已大量使用且拥有较高的知名度，注册类似商标被判为侵权的可能性会更大，赔偿额会更高，这种情况下企业需要尽量避免注册使用类似商标。

（五）使用产品特点

商标使用产品特点决定了消费者的识别能力和注意力程度，与混淆可能性密切相关，会影响侵权判断。如果是价格昂贵的大宗商品，消费者的注意力程度更高，识别能力更强，更难以发生混淆，汽车品牌"本田"与"现代"能够共存于市场就是例证，也确实不太会出现消费者错将本田汽车买成现代汽车的情况。而产品若为价格相对低廉的快消品，消费者的注意力程度更低，识别能力相对稍弱，更容易发生混淆，比如买方便面时误将"康帅博"当作"康师傅"。

（六）合理的抗辩理由

比较常见的抗辩理由包括考虑是否存在叙述性合理使用的抗

辩空间，比如标志本身构成对产品的通用名称、图形、型号、质量、原料、功能、用途、重量、数量及其他特点的直接描述，甚至是对产地地名的客观表述，按照法律规定，属于这些情形的，注册商标专用权人无权禁止他人正当使用。另外，还需考虑在先商标是否有连续多年不使用可能被撤销的情形。

（七）发生纠纷的可能性

除了评估理论上的侵权风险，企业还要考虑实际发生纠纷的可能性。如果在先商标对其注册商标专用权人的重要程度高，比如在先商标是注册商标专用权人在主营业务上的核心商标，则发生纠纷的可能性相对更高；如果是注册商标专用权人出于防御目的而注册的商标，则发生纠纷的可能性相对更低。与在先商标注册专用权人及关联企业所处的地域范围相近的，发生纠纷的可能性相对更大，与地域范围相距很远的在先商标注册专用权人发生纠纷的可能性相对更小。

三、商标合规风险防控

基于上述风险分析和评估，解决方案包括但不限于购买、撤销、无效宣告、适当调整使用形式、洽谈共存、换标等。应特别注意的是，商标合规风险防控方案一定要围绕企业海外经营业务的需求来设计。

（一）提前获得许可或者购买在先商标

考虑企业在海外业务拓展过程中，往往比较被动，而在先商标持有人一般会借势威慑。因此，针对侵权风险较高的在先商标，企业可通过购买或许可的方式提前获得在先商标的合法使用权。

（二）对于注册后一定期限未使用的商标提前进行撤销处理

大多数国家对商标注册后的使用有具体规定，在商标注册满一定期限后，任何组织或个人都有权利对他人闲置不使用的商标进行撤销申请。

（三）合理抗辩

不侵权抗辩的合理理由主要包括商品或服务不类似或者商标不近似的抗辩，企业在拓展海外业务时，要针对潜在的商标侵权风险提前收集和准备相关的抗辩材料。

第四节　商业秘密合规风险识别、评估和防控

一、商业秘密合规风险识别

商业秘密泄露是企业主要面临的风险，究其原因，大体可以

概括为未建立严密的商业秘密保护制度，从而导致员工离职时将商业秘密带走；没有严密的防控体系，商业秘密被他人窃取，导致商业秘密被不当泄露等。

从商业秘密管理的角度，"走出去"企业需有健全的商业秘密管理体系和措施，以避免商业秘密外泄，阻绝侵犯他人商业秘密的行为。此外，保密性（保密措施）也是商业秘密的成立要件，对企业的商业秘密管理制度和措施进行评价，既可以加强企业的商业秘密保护，又能降低商业秘密泄露的风险。对于企业商业秘密保密制度和措施的评价主要考虑以下七个方面。

（1）建立商业秘密保护管理机构，配备专职或兼职的管理人员，对商业秘密保护进行规范化管理。企业应当制订有关商业秘密保护的规章制度，建立岗位责任制，使企业的商业秘密管理制度化。

（2）明确商业秘密的范围。众多的商业秘密案例提醒我们，商业秘密必须有明确的范围。关于商业秘密范围的划定一般从以下三个方面考虑：①信息保密的必要性；②信息保密的可能性；③与其他知识产权保护方式相比，以商业秘密方式进行保护，具有更好的效果。

（3）根据保密事项的价值大小划分等级。企业应根据泄密导致企业遭受损害的程度，对商业秘密的秘密性进行等级划分。例如，一般采取绝密、机密和秘密对商业秘密进行三级划分。

（4）在商业秘密载体上面作出明显标识。企业应分别对书面形式、非书面形式以及涉及计算机相关技术的商业秘密采取易识别、易管理的标识方式。

（5）规定与相关人士签订保密协议和竞业限制协议。签订保密协议和竞业限制协议是企业保护商业秘密重要且有效的措施，在企业的保密制度中予以详细规定非常必要。

（6）确定保密文件的存储和传输方式。涉及企业商业秘密的文件制作、收发、传递、使用、复制、摘抄、保存和销毁，应委托专人执行并在设备完善的保险装置中保存。

（7）编制保密手册供员工学习。企业的商业秘密保护不仅需要健全的保密制度、专门的保密组织、合理的保密措施，以及专业的保密技术，更重要的是使保密意识深入人心。

二、商业秘密合规风险评估

侵犯他人商业秘密的风险有多种方式，目前最常见的风险主要是企业招聘从竞争对手离职的员工引发的商业秘密侵权纠纷。企业应主动对海外招聘员工开展商业秘密的风险识别排查，尽量避免侵犯其他企业的商业秘密纠纷的发生。

企业商业秘密管理措施方面需要重点评估以下三个方面：①通过工作区域管理保护商业秘密，包括设置相对保密的区域，规范在涉密工作区域内员工的行为等；②加强计算机存储的商业秘密的管理和保护，包括配备专门的计算机、设置复杂的计算机登录口令、禁止有关商业秘密文件的复制等；③要求离职员工签署保密承诺书，要求离职员工履行应尽的保密义务。

企业应在开拓海外业务前对近二三年内招聘的员工进行商业秘密侵权风险的分析排查。分析排查的对象主要为通过招聘从其他同行企业离职的员工。排查的主要内容包括以下三个步骤。

（1）调查招聘员工在原单位的职务和离职原因等基本情况，重点确认招聘员工在应聘过程中是否意图通过提供技术信息作为提高其录取率的筹码的情形。

（2）确认招聘员工是否属于企业高管、项目负责人或者技术人员。

（3）在招聘员工为企业高管、项目负责人或者技术人员时，需进一步明确该员工入职以来从事的工作中，是否涉及使用其前雇佣单位商业秘密的情形。通过以上步骤，确认企业新招聘员工是否存在侵犯其他企业商业秘密的风险。

摩托罗拉诉海能达公司侵犯商业秘密案

2019 年 11 月，美国伊利诺伊州的北部联邦地区法院（以下简称"伊利诺伊州法院"）审理了摩托罗拉解决方案有限公司（以下简称"摩托罗拉"）、摩托罗拉马来西亚解决方案有限公司（以下简称"摩托罗拉马来西亚公司"）与海能达通信股份有限公司（以下简称"海能达公司"）及其全资子公司海能达美国公司（Hytera America Inc.）、海能达美西公司［Hytera Communication America（West），Inc.］之间的商业秘密及版权侵权诉讼案。2020 年 2 月 15 日，美国伊利诺伊州法院陪审团对该案件作出了裁决。根据美国伊利诺伊州法院的安排，上述商业秘密及版权侵权诉讼案件已于当地时间 2019 年 11 月 6 日进入庭审阶段。当地时间 2020 年 2 月 12 日，摩托罗拉在庭审中最终明确其主张海能达公司部分数字移动无线电标准（DMR）产品侵犯摩托罗拉 21 项商业秘密及 4 项美国版权，要求海能达公司、海能达美国公司及海能达美西公司就侵犯其商业秘密行为支付相应赔偿。当地时间 2020 年 2 月 14 日，该案件陪审团作出裁决，认为海能达公司、海能达美国公司及海能达美西公司侵犯摩托罗拉 1 项或多项商业秘密和美国版权，应向摩托罗拉支付损害赔偿 34576.12 万美元及惩罚性赔偿 41880 万美元，合计 76456.12 万美元（约合人民币 52.71 亿元）。此次陪审团裁决结果并非一审判决，陪审团裁决结果仍需伊利诺伊州法院审查后作出一审判决。

摩托罗拉是包含在数字移动无线电中并与之有关的某些有价值的商业秘密的所有者。这些商业机密与在美国国内和国外贸易中使用或打算用于摩托罗拉的产品和服务有关。这些秘密和专有的商业秘密具有重大的经济价值，并赋予了摩托罗拉竞争优势。在摩托罗拉与海能达公司员工之间存在劳资关系时，海能达公司员工获得了摩托罗拉的商业秘密。海能达公司员工在终止雇佣后不当地获得并保留了摩托罗拉的商业秘密。海能达公司员工随后使用了摩托罗拉的商业秘密并向其披露了商业秘密。因此，海能达公司拥有上述摩托罗拉商业机密，这些商业机密受保密协议的约束，其中，海能达公司员工明确承认并确认了这些秘密的保密性质。海能达公司不当地从海能达公司员工那里获得了摩托罗拉的商业秘密，此后不当使用和披露了这些摩托罗拉商业秘密，包括将其融合到海能达公司市场中并作为自己的产品销售。此外，海能达公司通过获取、使用和/或公开上述信息，包括在美国制造、营销、提供和/或销售包含、体现和/或包含该贸易的产品，盗用摩托罗拉的商业秘密，以从这些信息中获得经济价值。综上，原告认为海能达公司及其全资子公司实施了相关的侵犯商业秘密行为。

数据来源：孙芳华. 海能达被判赔偿摩托罗拉 7.65 亿美元［N］. 中国知识产权报，2020－02－27.

三、商业秘密合规风险防控

在确定商业秘密侵权风险的同时，企业应借助专业团队提前准备防控商业秘密风险的预案。企业主要的工作应围绕侵权抗辩方面做好准备工作。一般性的抗辩包括对方信息不构成商业秘密和侵权行为不存在两个方面。

（一）对方信息不构成商业秘密

以商业秘密进行侵权控告，前提是秘密信息需要符合商业秘密的要件，主要包括非公知性（秘密性）、实用性、保密性，企业准备的抗辩也主要从以下三个方面出发。

（1）信息已为公众所知悉，社会公众或该行业中的普通人员可比较轻易地通过合法的手段取得。

（2）信息不具有实用性、不能为权利人带来经济利益，即该信息仅在理论上成立，目前尚无法将其应用到实际当中，不具有实用性，也不能给原告带来经济价值或者潜在的竞争优势。

（3）信息未经权利人采取保密措施或虽采取了保密措施，但显然不足以保护该信息的秘密性，不足以让他人知道该信息乃秘密信息。

以上抗辩理由只要有一项成功，则商业秘密权利人主张的秘密信息就不是商业秘密，商业秘密侵权就不能成立。因此，如果企业经过排查，已发现商业秘密的风险，可以针对该风险提前收集相关材料，以应对潜在的商业秘密诉讼纠纷。

合肥鼎蓝贸易公司、仰某水与安徽中医药大学侵害商业秘密纠纷案

基本案情： 合肥鼎蓝贸易公司和仰某水主张技术图纸及相关技术参数构成技术秘密，然而在案证据显示被诉侵权行为发生之前，合肥鼎蓝贸易公司、仰某水已经与案外人签订了清晰记载涉案公寓床的技术参数的销售合同，并且在合同签订后交付了公寓床实物及产品图纸，而该合同中无任何保密条款。另外，相关产品实物进入市场后，相关公众完全可凭借观察和测量的方式直接获得公寓床的尺寸、结构等信息。

审理结果： 最高人民法院认为涉案技术信息在被诉侵权行为发生前已经处于公开状态，不构成技术秘密。

数据来源：最高人民法院（2016）最高法民申 3774 号民事裁定书。

（二）侵权行为不存在

如果企业根本没有实施侵权行为，商业秘密权利人指控侵权人对其商业秘密进行侵权，侵权诉讼便不攻自破。此类抗辩主要包括以下三个方面。

1. 被告使用的信息与原告的信息不相同，也不相似

原告指控被告侵犯其商业秘密，需要将原告与被告使用的秘

密信息进行对比，判断是否相同或者实质相同。如果二者根本不同，或者并不实质相同，被告使用的信息是与原告截然不同的信息，那么被告抗辩成立。这个角度的抗辩，可采用"密点对照"的方法进行分析，即将原告主张的秘密信息中的要点与被告使用的信息中的要点进行对照，以论证两者间的相同点和区别点。

2. 被告没有可以接触到原告信息的条件与可能性

在认定被告是否侵犯原告商业秘密时，采用"相同/相似＋接触－合法来源"的规则，即使原告与被告的秘密信息相同或者实质相同，但被告没有接触原告秘密信息的可能性，被告有能力研发出来，这样的情况下，原告主张商业秘密侵权也不能成立。

3. 被告的信息有合法来源

由于商业秘密侵权认定采用"相同/相似＋接触－合法来源"的规则，若上述两种抗辩理由不成功，也就是说，原告与被告的秘密信息相同或者实质相同，被告有接触原告秘密信息的机会或者可能性，但只要被告的信息具有合法来源，同样可以主张原告指控不能成立。比如，使用经原告许可同意，被告使用的信息是被告自己独立取得，被告使用的信息系被告通过反向工程等其他合法方式取得等。

除了对商业秘密侵权进行必要的抗辩准备，企业也可以考虑对可能涉嫌侵犯其他企业商业秘密的员工进行妥善处理，以便直接解决商业秘密纠纷发生的根源因素。

宁德时代诉蜂巢能源不正当竞争案

基本案情：2018—2019 年，9 名宁德时代新能源科技股份有限公司（以下简称"宁德时代"）员工在离职后分别加入保定亿新咨询服务有限公司和无锡天宏企业管理咨询有限公司，为宁德时代的竞争对手蜂巢能源科技股份有限公司（以下简称"蜂巢能源"）提供服务，违反了与其签订的《保密和竞业限制协议》，宁德时代要求这 9 名员工各赔偿违约金 100 万元。经法院审理查明，虽然宁德时代的相关竞业限制协议并未将蜂巢能源列入《竞业限制企业名单》，但法院认为蜂巢能源的经营范围与宁德时代的经营范围高度重合，可以认定两家公司为竞争企业关系。

处理结果：在法院主持下达成和解，宁德时代收到蜂巢能源的和解款人民币 500 万元整，以此解决商业秘密纠纷。

数据来源：福建省宁德市中级人民法院（2021）闽 09 民初 74 号民事判决书。

第五节　著作权合规风险识别、评估和防控

一、著作权合规风险识别

目前"走出去"企业在海外遭遇最多的著作权诉讼是侵权纠

纷，其中以互联网技术（IT）企业居多，主要包括互联网侵权、著作权侵权、权属争议、转让与出资瑕疵、许可使用风险等，此外，中国"走出去"企业经常忽视的海外著作权风险还包括开源代码未合规使用带来的侵权风险。

企业在海外经营过程中可能涉及著作权的侵权问题，包括生产管理、营销生产环节中办公软件、字体、图片等著作权侵权风险，尤其是跨境电商企业从事产品营销宣传过程中的著作权侵权风险高发。

字体侵权是著作权侵权纠纷中最常见的一类，字体侵权人往往在被追究责任时才意识到自己的行为可能是侵权行为。字体侵权通常集中在企业产品或服务的宣传载体上。

"绿坝"软件违反开源协议侵犯著作权

互联网内容过滤软件"绿坝－花季护航"（以下简称"绿坝"）是国内某科技公司声称自主开发的一款软件。绿坝的开发公司相关负责人对外表示，其图形过滤技术获得了国家 3 项发明专利，还获得第九届、第十二届中国国际软件博览会金奖。

2009 年，美国密歇根大学计算机科学与工程系教授 J. 亚历克斯·哈德曼（J. Alex Halderman）发表了一份绿坝分析报告，其中提到绿坝包含多个安全漏洞，建议安装绿坝的用户立即卸载。同时，报告还指出，绿坝违反了开源协议。

哈德曼教授在报告中分析，绿坝主要用于不良图像过滤的文件"Cximage. dll""CImage. dll""Xcore. dll""Xcv. dll"均来自 OpenCV 软件。OpenCV 软件是美国英特尔公司（Inter Corporation）资助的一个开源的计算机视觉库，它由一系列 C 函数和少量 C＋＋类构成，实现了图像处理和计算机视觉方面的很多通用算法。

OpenCV 软件中国项目负责人此前向媒体表示，其经检测后发现，绿坝的核心识别程序文件"XFImage. xml"完全来自 OpenCV 软件的"haarcascade_frontalface_alt2. xml"，绿坝只是将其源文件中的版权信息删除，其内容跟 OpenCV 软件提供的文件完全相同。

中国开源软件推进联盟原副秘书长袁萌教授向媒体解读，OpenCV 软件采用的是伯克利软件发行许可证（BSD 许可证），当商业软件使用其开源程序时，需要在软件版权信息中加上 BSD 许可证声明，绿坝并未在其软件中加入这一声明，已构成著作权侵权。

欧美近十年已经发生了大量的开源许可诉讼，但与之不同的是，我国的研发人员仍大量使用开源代码，但诉讼案件并不多见，同时该领域的合规人才和律师缺乏，这严重导致了我国研发人员对开源协议合规的重视程度不足。

数据来源：21CN 财经报道［EB/OL］.［2023－05－29］. http：// www. techweb. com. cn/news/2009－06－13/410839. shtml.

图片侵权也是经常发生的纠纷。优美的风景照、创意性的设计图等都是常见的被侵权标的物。很多自媒体企业不注意图片的来源，很容易给自己带来侵权纠纷。

（一）侵犯著作权权属风险的识别

著作权，是指自然人、法人或者其他组织对文学、艺术和科学作品享有的财产权利和精神权利。一般情况下，可以通过署名来推定著作权的作者，比如图书，其署名多标注在封面、封底或折页中；网页图片，其网页的权利声明、图片水印等可以视为该网页图片的署名。署名原则上仅仅是推定署名人享有著作权，若企业作为权利人起诉，建议进一步提交作品底稿、原件、作品登记证书、合法出版物、认证机构出具的证明、取得权利的合同等证据证明其享有著作权。

对于数码照片侵权，因数码照片属于电子文件，容易被篡改或复制，因此在判定数码作品的权属时，不仅要看其原始电子文件，对比涉案作品的数据大小、清晰度，还要尽可能提供其创作过程、创作理念、摄影器材、拍摄场景等证据用以佐证。

（二）侵害作品修改权、保护作品完整权风险的识别

修改权，是指修改或者授权他人修改作品的权利；保护作品完整权，是指保护作品不受歪曲、篡改的权利。两项权利是独立的权利，但是彼此又存在密切的联系，均属于著作人身权，在内

容上均体现了作者对其作品内容与形式的控制。在司法实践中，两项权利常被当事人一并主张。

作品修改权实际上注重的是保护作者的意志，修改权是指对作品的内容仅作局部的变更和文字用语的修正。保护作品完整权注重保护的是作者的声誉，如果对作品的变更或修正达到了歪曲、篡改的程度，则构成侵害保护作品完整权。

就保护作品完整权而言，判断是否侵害保护作品完整权，应当综合考虑被告使用作品的行为是否获得授权、被告对作品的改动程度、被告的行为是否对作品或者作者声誉造成损害等因素。在判断是否侵害保护作品完整权时，需要考虑以下两个因素。

（1）被告使用作品的行为是否获得授权，对于获得合法授权的作品，基于诚实信用原则和利益平衡原则的考量，不能过度强调对保护作品完整权的保护。

（2）被告对作品的改动程度，该改动程度在被告有授权的情况下，对不同的授权类型应有所区别，比如对于获得作品复制权和作品改编权的不同侵权行为，考虑改编权有保护或推动文艺再创作的效果以及为保护文化产业投资者的利益，对获得改编权情形下的侵害保护作品完整权的认定，应较获得复制权情形下的保护作品完整权的侵权判定坚持更为宽松的标准。

张某野诉中影公司等侵犯著作权案

知名系列小说《鬼吹灯》由张某野（笔名"天下霸唱"）创作，其中包括《鬼吹灯之精绝古城》。

梦想者电影（北京）有限公司（以下简称"梦想者公司"）经授权取得《鬼吹灯之精绝古城》的电影改编权、摄制权。梦想者公司分别与中国电影股份有限公司（以下简称"中影公司"）、乐视影业（北京）有限公司（以下简称"乐视公司"）就制作电影签订投资协议。

2015 年，电影《九层妖塔》公映，中影公司、梦想者公司、乐视公司为出品方，北京环球艺动影业有限公司为联合出品方，陆川为编剧/导演。张某野主张，电影《九层妖塔》的故事情节、人物设置、故事背景均与原著相差甚远，超出了法律允许的必要改动范围，对小说存在严重的歪曲、篡改，侵害其保护作品完整权，且未给张某野署名，侵害其署名权，请求四被告停止传播涉案电影，公开赔礼道歉、消除影响，连带赔偿精神损害抚慰金 100 万元。

著作权人许可他人将其作品摄制成电影作品和以类似摄制电影方法创作的作品的，视为已同意对其作品进行必要的改动，但是这种改动不得歪曲、篡改原作品。基于该条规定的基本精神，在判断电影作品是否侵犯原著作者的保护作品完整权时，必须充分考虑电影作品特殊的表现手法和创作规律。作为电影作品，改动原有作品是应有之义，仅在歪曲、篡改时才构成对原著作品完整权的侵害。

由于电影创作的复杂性，要对原本是平面的、抽象的、文字叙述形式的小说进行三维的、具象的、形象的动态再现，其间将包含大量的创造性行为。在抽象的小说作品变成具象的电影作品过程中，必然要对原著的内容、观点发生一定程度的改动。因此，在判定涉案电影《九层妖塔》是否侵犯原著作者的保护作品完整权时，不仅要对比原著小说与影视作品的不同之处，还要综合考虑原著的表达和电影的创新部分，应当分析改动是否超出了必要的范围，即是否降低原著的社会评价、损害作者的声誉。应当以是否降低了原著的社会评价和是否损害了作者的声誉作为评判是否侵犯作品完整权的标准。

最终法院认为：作品是作者思想的外现与反映，是作者人格的外化与延伸。保护作品完整权的主要意义在于从维护作者的尊严和人格出发，防止他人对作品进行贬损、丑化以损害作者的声誉。涉案电影《九层妖塔》的改编、摄制行为并未损害原著作者的声誉，因此不构成对原告保护作品完整权的侵犯。

　　二审法院北京知识产权法院经审理认定，中影公司、梦想者公司、乐视公司将小说《鬼吹灯之精绝古城》改编成电影《九层妖塔》的行为，侵害了小说作者张某野对该小说的保护作品完整权。

　　数据来源：央视网中国电影报道［EB/OL］.［2023 - 05 - 29］. https：//tv.cctv.com/2015/12/30/VIDE1451471048531357. shtml；北京知识产权法院（2016）京 73 民终 587 号民事判决书。

（三）侵害作品复制权的风险识别

　　复制权，即以印刷、复印、拓印、录音、录像、翻录、翻拍、数字化等方式将作品制作一份或者多份的权利。将作品实现从平面到平面、从平面到立体、从立体到平面、从立体到立体的再现，未付出独创性劳动的，即为复制。从平面到平面的复制，例如复制平面美术作品或文字作品；从平面到立体的复制，例如将平面卡通形象制成立体卡通玩具；从立体到平面的复制，例如对雕塑作品的临摹；从立体到立体的复制，例如对雕塑的复制。

　　需要强调的是，临摹并不必然属于复制的一种方式。某种临摹是属于复制还是其他行为，应根据其是否增加了独创性的表达还是单纯再现了原作品或者保留了原作品的基本表达来判断。如果临摹品仅仅是对原作品的高度精确化的重现或者虽与原作品有细微差异（比如色彩深浅、大小等），但是并未加入临摹者的独创性表达或创造性设计，则依然构成侵害他人复制权的行为。

Cosplay 奥特曼构成侵犯作品复制权案

圆谷制作株式会社是初代奥特曼与杰克奥特曼形象的著作权人，被告广州蓝弧动画传媒有限公司（以下简称"蓝弧动画公司"）等使用被诉奥特曼形象制作电影，并组织演员使用奥特曼形象制成的面具和人体彩绘形象在发布会上进行表演。圆谷制作株式会社认为蓝弧动画公司等制作电影的行为侵犯了其奥特曼形象美术作品的摄制权，组织演员使用奥特曼形象制成的面具和人体彩绘形象在发布会上进行表演的行为侵犯了其奥特曼形象美术作品的表演权，遂诉至法院。

圆谷制作株式会社认为，在蓝弧动画公司组织的"'画风突变刮目相看'再见奥特曼50年致敬发布会"中，其让演员使用被诉奥特曼形象制成的面具和人体彩绘形象进行表演，该行为构成对初代奥特曼形象作品、杰克奥特曼形象作品表演权的侵犯。

上海知识产权法院认为，根据我国《著作权法》（2020年修正）第十条第一款第九项的规定，表演权是指公开表演作品，以及用各种手段公开播送作品的表演的权利。表演包括现场表演和机械表演，该案中圆谷制作株式会社所指控的在发布会上表演行为属于现场表演。所谓现场表演，是指演员直接或者借助技术设备以动作、声音、表情公开再现作品或演奏作品。就上述行为是否侵犯表演权，法院分析如下：首先，关于表演权所涉及的作品类型是否包括美术作品。我国著作权法对于表演权并未限定具体的适用范围，但《保护文学艺术作品伯尔尼公约》对此作了相关的规定。根据《保护文学艺术作品伯尔尼公约》第十一条的规定，戏剧作品、音乐戏剧作品或音乐作品的作者享有许可公开演奏和公演其作品，包括用各种手段和方式的公开演奏和公演的专有权，文学作品作者享有许可公开朗诵其作品，包括用各种手段或方式公开朗诵其作品专有权。可见，《保护文学艺术作品伯尔尼公约》规定的表演权所涉及的作品类型仅包括戏剧作品、音乐戏剧作品或音乐作品，以及文字作品。之所以就表演权涉及的作品类型进行适当限定，这与表演权所控制的特定行为密切相关。音乐作品、戏剧作品、文学作品之外包括美术作品等其余类型的作品，其在客观上难以直接或者借助技术设备以动作、声音、表情公开再现或演奏，故表演权在通常情况下不涉及美术作品，尤其是单幅美术作品。其次，即使不能完全排除表演权涉及的作品类型包括美术作品，该案被诉行为亦不构成对作品表演权的侵犯。如前所述，表演权控制的行为是直接或者借助技术设备以动作、声音、表情公开再现作品，此种再现方式并非对作品表达方式的原样再现，否则将与复制行为无异。就该案被诉行为而言，演员身着奥特曼形象制成的面具和人体彩绘形象，其仅是将奥特曼形象通过真人人体这一特殊载体进行了原样再现，并非演员通过其动作、声音或表情再现作品，法院认定该行为仅构成对作品复制权的侵犯。

数据来源：上海知识产权法院（2020）沪 73 民终 544 号民事判决书。

（四）侵害作品发行权风险的识别

发行权，即以出售或者赠与方式向公众提供作品的原件或者复制件的权利。发行的行为是有偿还是无偿并不影响侵权行为的认定，而且发行权要求转移作品的原件或者复制件的所有权，这一点明显区别于信息网络传播权。实践中用到发行权的作品类型主要包括文字作品、美术作品、音像制品、电影作品、软件等。

另外，企业应关注对发行权用尽的条款规定。因为，司法实践中可以用发行权用尽作为侵害发行权的抗辩理由。例如，作品原件和经授权合法制作的作品复制件经著作权人许可，首次以销售或者赠与方式转让所有权后，他人对该特定原件或者复制件再次发行的，不构成侵害发行权。

（五）侵害作品信息网络传播权风险的识别

信息网络传播权，是指以有线或者无线方式向公众提供，使公众可以在其选定的时间和地点获得作品的权利。信息网络传播权的核心特征是其传播的交互性，社会公众可以在自己选定的时间和地点获取作品。

侵害信息网络传播权的行为一般包括提供内容的行为和提供技术服务的行为。提供内容的行为一般被认定为直接侵权行为，提供技术服务的行为一般被认定为教唆侵权行为或帮助侵权行为。

教唆侵权行为主要指网络服务提供者以言语、推介技术支持、奖励积分等方式诱导和鼓励网络用户实施侵害信息网络传播权的行为。帮助侵权行为主要指网络服务提供者明知或者应知网络用户利用网络服务侵害信息网络传播权，未采取删除、屏蔽、断开链接等必要措施，或者提供技术支持等帮助行为的行为。

在判定网络服务提供者构成教唆侵权行为或帮助侵权行为时，须以被告明知或应知该侵权行为为前提，比如原告在提起侵权诉讼之前，向被告网络服务提供者发送了停止侵权的律师函，则可以认定被告明知。对于被告网络服务提供者应知的判断，应结合案件的具体情形来判断，比如原告的知名度、作品的知名度、被告与原告是否曾有过合作或接洽、被告对侵权作品是否进行了编辑或选择，被告是否获利、被告的技术水平和能力等（如果被告的技术水平和能力越高，其承担的防止侵权的注意义务就更重）。

就侵害信息网络传播权的原告而言，其在确定被告时，可将提供网络服务的经营者作为被告，这也是对原告而言最便捷的确定被告的方式，常见的查找网络服务提供者的途径包括 ICP 网站登记备案信息、Whois 查询域名所有人、网页直接载明的经营者等方式。

就侵害信息网络传播权的被告而言，其抗辩多集中在非涉案侵权作品的提供者，或者仅仅是提供网络自动接入服务、自动存储功能、提供信息存储空间或接到权利人通知已删除等抗辩理由。就其非涉案侵权作品的提供者的抗辩，其应提供真实的作品提供者，或者相应的合同或协议，若其无法提供，则将面临承担侵权责任的风险。

（六）侵害计算机软件著作权风险的识别

企业经常遇到的侵害计算机软件著作权的案件是最终用户类的侵权案件。最终用户类是指被告未改变原告计算机软件的内容，而是作为计算机软件的最终用户，在商业活动中使用计算机软件。最终用户类侵害的是软件著作权人的复制权。

以美国为例，如果中国企业在海外有经营活动，基于美国的证据开示制度，著作权人可能发起著作权侵权和合同违约之诉更为便利。如果中国企业在购买商业计算机软件时，存在全部或部分使用未经授权的计算机软件的情况，在美国将面临极高的此类诉讼风险。

创维集团被起诉未经许可使用 Cadence 商业软件

美国知名软件公司 Cadence Design Systems（以下简称"Cadence"）于 2018 年 4 月 25 日在美国加利福尼亚北区联邦地方法院起诉创维集团有限公司（以下简称"创维集团"）侵犯著作权和违反合同，Cadence 在起诉状中指控创维集团违反了双方签订的合同，在未经授权的情况下使用、复制和破解多款 Cadence 的电子设计自动化（EDA）软件。

Cadence 在不少于 600 台属于或隶属于创维集团的计算机上发现了未经授权的软件副本，其中许多计算机具有明确标识创维集团的子公司域名和/或电子邮件名称。即使没有发现，Cadence 已经检测到在这些计算机上未经授权使用 EDA 软件的次数超过 186000 次。这仅代表创维集团未经授权使用的一小部分。在一台主机名为 sky041086－pc、公司域名为 skyworth.com 和电子邮件域名为 skyworth.com 的机器上，Cadence 发现了在 11 个月内大约 400 起未经授权使用 EDA 软件的证据。从另一台主机名为 sky0－20160904fy、公司域名为 skyworth.com 和电子邮件域名为 skyworth.com 的机器上，Cadence 发现了在近一年的时间里，超过 1420 个未经授权使用 EDA 软件的实例。

原告起诉内容包括：创维集团一再非法使用 Cadence 有价

值的 EDA 软件的破解副本来设计和创建流行的电视和在美国销售的其他视听产品。尽管创维集团购买了 11 份 EDA 软件副本许可，但 Cadence 在属于或附属于创维集团的数百台计算机上发现了未经授权的软件副本。甚至在发现之前，Cadence 就有证据表明创维集团使用未经授权的 EDA 软件超过 186000 次。

原告要求法院补偿性和实际损害赔偿；扣押所有创维集团涉嫌侵权的副本，判决创维集团故意侵权，并赔偿原告损失。

数据来源：律商联讯 Lexma China 数据库。

就该类案件的被告而言，构成侵权行为需要被告应知或明知涉案软件未获授权，对被告应知或明知的判断主要考虑被告使用的涉案软件的来源、购买价格、购买途径、软件提供方的情况等因素。同时，该侵权行为要求被告将涉案软件用于商业活动，如果被告可以证明该涉案软件系员工自行下载或获取，仅用于员工的个人学习或交流，未用于商业使用，则不构成侵权。值得注意的是，即便软件系被告员工自行下载，但员工将该软件用于完成公司的任务，也会被视为用于商业使用。如果被告的确使用了未经授权的软件，可积极与权利方进行调解，由于该类案件的取证比较难，在诉讼中达成调解的概率比较高。

二、著作权合规风险评估

软件著作权的侵权风险一般有两种形式：一是完全复制程序的基本要素或结构；二是按一定的规则、顺序只复制部分软件代码。在实践中第二种情况较为常见。企业开展海外经营业务需要重点针对软件产品是否存在部分复制代码的情形进行识别排查。

在识别排查过程中，判断是否侵权遵循一般"实质性相似"原则。软件程序的"实质性相似"要关注两类情形：一是文字成分的相似，以程序代码中引用的百分比为依据进行判断；二是非文字成分的相似，强调应该以整体上的相似作为确认两个软件之间实质上相似的依据。所谓整体上相似是指两个软件产品在程序的组织结构、处理流程、采用的数据结构、产生的输出方式、所要求的输入形式等方面的相似。

对于字体、图片等侵权风险一般对企业的影响较小的著作权类型，可以直接利用同类要素进行替换的方式解决风险。涉及产品软件的著作权风险时，企业需要提前通过许可或者购买的方式获得合法使用权。在无法获得许可或者购买的情形下，企业应聘请专业律师团队制订抗辩理由，并及时、真实、准确地向有关部门披露信息。

三、著作权合规风险防控

虽然企业著作权纠纷系常见高发纠纷，但企业可通过采取规范的制度建设、流程建设、思想建设等方式最大限度降低合规风险。

（一）完善企业著作权管理，重视合同审核制度建设

根据著作权自愿登记原则，企业享有的著作权作品，应及时通过版权保护中心进行作品登记。作品登记虽然仅是形式登记，无法凭借作品登记证书认定权利人主张的作品构成著作权法意义上的作品。在发生著作权纠纷时，作品登记证书可以作为企业享有著作权的初步证据，且在企业后续的作品市场交易（比如转让、许可等）中，拥有作品登记证书会更容易获得对方的信任，以促成交易的达成。

若出现的著作权纠纷可以直接找到合同依据，则直接按合同执行。著作权属于私权，只要当事人意思表示真实，不违反法律的强制性规定，当事人签署的合同对当事人即具有约束力。因此，针对著作权的创作、许可或者转让等事宜，必须签订相应的书面合同。考虑到著作权涵盖的权利类型多样，著作权人可能将其著作财产权分配给不同的主体，因此，在合同条款的设计上，尤其对于授权权利的类型、署名、授权时间、权限、报酬等核心条款务必约定清晰明确。

（二）建立规范的著作权使用流程，加强重点人员培训

企业应在经营中建立规范的著作权使用流程，视情况建立相应的著作权库，将企业享有著作权的作品，包括独立创作的或者经他人授权取得的作品归类管理并实时更新。企业遇到的著作权诉讼很大一部分是由于员工版权意识弱，使用了未经授权的作品或制品而被权利人起诉，比如在企业的宣传文案或网站中使用了未经授权的图片，擅自使用他人享有著作权的字体，擅自转载他人禁止转载的文章，为完成工作任务自行下载盗版软件进行商业使用等。员工有实际需求时，先从企业著作权库中查找，在使用之前应征询企业法务或律师意见。就企业的设计、宣传或业务等高频接触著作权的部门员工，应进行著作权相关法律法规的培训，慎重使用从互联网下载的或来源不明的图片、字体、音乐或者软件等作品。对于使用需求比较大的作品，比如摄影作品、美术作品等，企业应联系其著作人购买相应的著作权或版权协议包。

（三）积极应对侵权纠纷，寻求专业支持

在遭遇侵权纠纷时，企业作为被告，应积极从诉讼时效、自己是否为涉案作品的实际使用人、原告是否为涉案作品的合法著作权人、涉案作品是否具有合法来源、是否为合理使用或法定许可等方面进行抗辩，具体抗辩事由如下。

1. 对著作权权属的抗辩

（1）原告并非作品的合法权利人。

企业在针对著作权权属方面抗辩时，如果原告与其主张权利的作品不存在法律上的利害关系，则其并不属于适格的原告。可能的情形包括：①涉案作品的著作权已经转让或委托给他人；②著作权授权人与作品上的署名作者不一致；③原告并未获得涉案作品所有著作权人的授权或许可。例如，甲、乙共同享有一部电影的著作权，丙仅获得了甲的授权，而未获得乙的授权，在丙以个人名义针对他人提起著作权侵权诉讼时，被告可以以此作为抗辩理由。

（2）被告主体不适格。

企业在针对著作权权属方面抗辩时，应注意被告的主体是否不适格。例如在网络侵权行为中，原告依据ICP网站登记备案信息显示的主体作为被告起诉，但是经法院查明或被告举证证明，涉案网站的实际经营者为他人，则企业应以被告主体不适格予提出抗辩以应对。

（3）原告主张权利的作品并不构成著作权法意义上的作品。

企业在针对著作权权属方面抗辩时，根据著作权保护的一般原则，受著作权法保护的作品必须具有独创性，如果涉案作品系来源于公有领域的素材，比如已超过著作权保护期限的作品，利用公有领域的素材（史料、常识、文化、常见标识等）创作的独创性不高的作品或者涉案作品构成实质性近似的部分来源于公有领域等，则不构成侵权。对利用公有领域的素材进行创作而获得的作品，对其著作权人的权益也不能实施过于宽泛的保护。

其中，企业应特别注意：如果一种思想只有一种表达方式或者一类主题必然用到一种场景，该表达或场景则不属于著作权所保护的客体。因为著作权法保护的是表达，而非思想。

此外，一些法律、法规，行政部门的决议、决定、命令和其他具有立法、行政、司法性质的文件及其官方正式译文、单纯事实消息等，不受著作权法的保护；以及历法、通用数表、通用表格和公式不受著作权法的保护。

2. 对涉案作品的行为不构成著作权侵权行为的抗辩

（1）被告作品与原告作品并不构成实质性近似。

著作权侵权的标准是接触和实质性相似。对于接触而言，权利人将作品向公众发表，即可推定被告可以接触到原告权利作品。在判断是否构成实质性相似时，可以考虑以下三点因素：①涉案作品相似的表达在作品中的地位、比例、重要程度、相似的表达是否属于著作权人主张权利作品的核心内容；②涉案作品是否具有相同的错误；③涉案作品中是否存在相同的特殊细节设计等。比例较小、重要程度较低或者相似的表达不属于核心内容以及不存在相同的错误或特殊设计等，则不易被判定为实质性近似。

（2）被诉侵权作品系被告原创作品，相似系巧合。

如果被告可以提交证据证明涉案侵权作品系被告独立创作，涉案作品的相似或雷同仅仅是巧合，也可用于抗辩原告的侵权主张。

（3）被告使用涉案作品具有合法来源。

被告可以提供著作权许可使用合同、权利人授权声明等证明被告已经获得权利人合法授权或许可的证据，对抗原告的侵权主张。

（4）被告使用涉案作品系合理使用。

企业应注意自身对于涉案作品系合理使用证据的留存、举证。典型的合理使用主要包括个人使用、适当引用和教学科研使用三类情形。尤其需要强调的是，在合理使用的情形下，除非由于作品使用的特性无法指明或当事人另有约定，否则应指明作者姓名或者名称、作品名称，且不能影响著作权人作品的正常使用，也不得不合理地损害著作权人的合法权益，比如与著作权人不存在竞争关系。

（5）被告使用涉案作品的行为属于法定许可。

法定许可是根据法律规定，以特定的方式使用已经发表的作品，可以不经著作权人的许可，但应向著作权人支付使用费，并尊重著作权人的其他权利的制度。需要注意的是，在法定许可的情形下，被告应支付报酬，并指明作者姓名或者名称、作品名称。

3. 诉讼时效的抗辩

一般请求对著作权进行法律保护的诉讼时效是 3 年，诉讼时效是指自权利人知道或者应当知道权利受到损害以及义务人之日起计算。如美国著作权法规定了 3 年的诉讼时效，德国著作权法第

102 条规定受害者得知侵害和负有赔偿义务者的情况起 3 年内有效。而法国知识产权法典关于著作权侵权的诉讼时效的相关规定为民事起诉期限为 5 年，刑事法院诉讼时效为 6 年。时效的起点根据受保护的对象不同而不同。著作权侵权的时效起算开始于侵权行为的停止之时；商标侵权开始于商标所有者实际了解最初的侵权行为时间；专利侵权起始时间为专利权人知道或者应该知道最后一个侵权行为的时间。如果权利人在知道或者应当知道之日起一定期限内未主张权利，则该权利将不受司法当局的保护。在法院审理中，诉讼时效抗辩需要被告主动提出，法院不会主动适用。实践中需要注意一些特殊情形，权利人超过起诉期限的，如果侵权行为在起诉时仍在持续，在该著作权保护期内，法院一般会判决被告停止侵权行为。

4. 寻求专业支持

企业在遇到著作权纠纷时，建议委托专业律师或服务机构协助处理。著作权纠纷系专业性比较强的一类案件，企业作为原告时，应重视起诉前的证据保全工作，比如申请诉前证据保全、时间戳取证，委托专业的公证机构取证以免取证不规范导致证据不被认可，在侵权赔偿额的确定上，建议积极举证，针对赔偿额提出合理的计算方式。

第三章　建设知识产权合规管理文化

第一节　知识产权合规管理行为准则

一、建立合规管理行为准则

知识产权合规行为准则是最重要、最基本的知识产权合规制度，适用于所有企业海外经营相关部门和员工，以及代表企业从事海外经营活动的第三方。知识产权合规行为准则应规定"走出去"企业境外经营活动中必须遵守的基本原则和标准，包括但不限于企业核心价值观、知识产权合规目标、知识产权合规的内涵、行为准则的适用范围和地位以及企业及员工适用的知识产权合规行事标准、违规的应对方式和后果等。

二、拟定合规管理方法

在知识产权合规行为准则的基础上，企业针对特定主题或特定风险领域制定具体的知识产权合规管理办法，包括但不限于专利、商标、商业秘密、著作权等知识产权合规管理的内容。"走出去"企业还应针对特定行业或地区的知识产权合规要求，例如行业商业惯例、区域文化传统等，结合企业自身的特点和发展需要，制订相应的知识产权合规风险管理办法。

某公司合规管理办法

总　则

第一条　为进一步加强和提升某集团有限公司（以下简称"某公司"）及所属各子公司依法规范管理、依法合规经营能力和水平，建立健全合规管理体系，实现公司合规管理的制度化、规范化，有效防范重大合规风险，保障公司高质量发展，根据《中华人民共和国公司法》《中华人民共和国企业国有资产法》《关于全面推进法治央企建设的意见》《中央企业合规管理指引（试行）》《企业境外经营合规管理指引》等有关法律法规，结合公司实际，制定本办法。

第二条　本办法适用于公司及其全资、控股或有实质控制权的各级子公司（以下简称"子公司"）。

第三条　本办法所称合规，是指公司和各子公司及其员工的经营管理行为符合所适用的法律法规、监管规定、行业准则和企业章程、规章制度以及国际条约、规则等要求。

第四条　本办法所称合规风险，是指公司和各子公司及其员工因不合规行为，引发法律责任、受到相关处罚、造成经济或声誉损失以及其他负面影响的可能性。

第五条 本办法所称合规管理，是指以有效防控合规风险为目的，以公司和各子公司及其员工的经营管理行为为对象，开展包括制度制定、风险识别、合规审查、风险应对、责任追究、考核评价、合规培训等有组织、有计划的管理活动。

第六条 合规管理应遵循以下原则：

（一）全面覆盖原则。公司合规管理应覆盖所有业务领域、各部门、各子公司和分支机构、全体员工，贯穿决策、执行、监督全流程。

（二）强化责任原则。合规管理应作为公司主要负责人履行推进法治建设第一责任人职责的重要工作内容。建立全员合规责任制，明确管理人员和各岗位员工的合规责任并督促有效落实。

（三）协同联动原则。公司合规管理与法律风险防范、纪检、审计、内控、风险管理等工作相统筹、衔接，确保合规管理体系有效运行。

（四）客观独立原则。严格依照法律法规等规定对公司和员工行为进行客观评价和处理。合规工作机构独立履行职责，不受其他部门和人员的干涉。

第七条 公司应当牢固树立合规经营理念，大力营造合规文化氛围，为全员树立正确的价值观，积极引导员工合规从业，做到合规经营、人人有责，切实有效防范合规风险。

第八条 公司应建立与公司经营范围、组织结构、业务规模、行业特征相适应的合规管理体系。

合规管理体系应包括以下方面：

1. 合规管理组织体系：包括合规管理决策机构、领导机构、合规负责人、合规工作机构、合规工作人员的设置等及其合规管理职责；

2. 合规管理制度体系：包括公司合规管理所依据的各项经营管理规章制度和流程，合规管理基本制度及流程、专项合规管理制度和流程等；

3. 合规管理运行机制：包括合规重点领域、环节、人员和行为的确定、合规风险识别及管控、合规事项调查及奖惩机制等；

4. 合规管理保障机制：包括合规理念的宣导、合规文化的培育、合规培训与教育制度等。

第二节　建立合理知识产权合规管理流程

一、合规汇报

"走出去"企业知识产权合规负责人和合规管理部门应具有通

畅的汇报渠道。

"走出去"企业知识产权合规管理部门应当定期向决策层和高级管理层汇报知识产权合规管理情况。汇报内容一般包括但不限于以下七个方面：①知识产权合规风险评估情况；②知识产权合规培训的组织情况和效果评估；③发现的违规行为以及处理情况；④违规行为可能给组织带来的知识产权合规风险；⑤已识别的知识产权合规漏洞或缺陷；⑥建议采取的纠正措施；⑦知识产权合规管理工作的整体评价和分析等。

如果发生性质严重或可能给企业带来重大知识产权合规风险的违规行为，知识产权合规负责人或知识产权合规管理部门应当及时向决策层和高级管理层汇报，提出风险警示，并采取纠正措施。

二、合规咨询与审核

企业海外经营相关部门和境外分支机构及其员工在履职过程中遇到知识产权合规风险事项，应及时主动寻求知识产权合规咨询或审核支持。

在涉及重点领域或重要业务环节时，业务部门应主动咨询知识产权合规管理部门意见。对于复杂或专业性强且存在重大知识产权合规风险的事项，知识产权合规管理部门应按照制度规定听取法律顾问、公司律师意见，或委托专业机构召开论证会后再形成审核意见。

三、沟通协调

"走出去"企业知识产权合规管理需要合规管理部门和业务部门密切配合。海外经营相关业务部门应主动进行日常知识产权合规管理工作，识别业务范围内的知识产权合规要求，制定并落实业务管理制度和风险防范措施，组织或配合企业知识产权合规管理部门进行知识产权合规审查和风险评估，组织或监督违规调查及整改工作。

"走出去"企业知识产权合规管理部门与其他具有合规管理职能的监督部门（如审计部门、监察部门等）应建立明确的合作和信息交流机制，加强协调配合，形成管理合力。

企业应积极与海内外监管机构建立沟通渠道，了解监管机构期望的知识产权合规流程，制定符合监管机构要求的知识产权合规制度，降低在报告义务和行政处罚等方面的风险。

企业与第三方合作时，应做好相关的国别风险研究和项目尽职调查，深入了解第三方知识产权合规管理情况。企业应当向重要的第三方传达自身的知识产权合规要求和对第三方的知识产权合规要求，并在商务合同中明确约定。

四、资源保障

"走出去"企业应提供建立、制订、实施、评价、维护和持续改进企业知识产权合规管理体系的资源。

企业最高管理者和各管理层应确保有效部署必要的资源,以确保满足合规目标,并实现合规要求。

企业的资源保障包括财务资源和人力资源,外部建议和专业技能,企业基础设施,关于企业知识产权合规管理以及法律义务、专业发展和技术的现有参考资料。

五、能力和培训

"走出去"企业应将知识产权合规培训纳入员工培训计划,培训内容需随企业内外部环境变化进行动态调整。海外经营相关部门和境外分支机构的所有员工,均应接受企业知识产权合规培训,了解并掌握企业的知识产权合规管理制度和风险防控要求。决策层和高级管理层应带头接受企业知识产权合规培训,高风险领域、关键岗位员工应接受有针对性的专题知识产权合规培训。企业应就知识产权合规培训做好记录留存。

六、合规文化培育

企业应将知识产权合规文化作为企业文化建设的重要内容。企业决策层和高级管理层应确立企业知识产权合规理念,注重身体力行。企业应践行依法进行知识产权合规、诚信经营的价值观,不断增强员工的知识产权合规意识，营造依规办事、按章操作的文化氛围。

七、合规工作评价和改进

"走出去"企业应定期对知识产权合规管理体系进行评价，发现和纠正知识产权合规管理贯彻执行中存在的问题，促进知识产权合规体系的不断完善。

企业在开展效果评价时，应考虑企业面临的知识产权合规要求变化情况，不断调整知识产权合规管理目标，更新知识产权合规风险管理措施，以满足企业内外部知识产权合规管理要求。

"走出去"企业应根据知识产权合规审核和体系评价情况，进入知识产权合规风险再识别和知识产权合规制度再制定的持续改进阶段，保障知识产权合规管理体系各环节的稳健运行。

第三节　知识产权合规的体系制度建设

知识产权合规管理的制度体系可以从内容和机制两个方面展开。

一、知识产权合规制度

从制度的内容角度而言，知识产权合规制度通常覆盖知识产权的创造、运用、管理、保护等环节，主要涉及专利权、注册商标专用权、著作权以及商业秘密等类型的知识产权。在企业开展融资、上市或涉及涉外业务时，有必要针对特殊的知识产权合规管理要求制定专门的内部规则。

从制度文本的具体形式出发，知识产权合规制度通常由原则性制度、专项合规管理制度、工作指南与流程、制度配套文件以及合规管理台账组成。

（一）原则性制度

关于企业知识产权合规管理的原则性、总体性的管理制度，通常涵盖企业内部知识产权管理机构及其权限的设置，企业内部知识产权的规划、产生，职务成果知识产权处理、经营、维护、维权以及纠纷应对等方面的基本规则。

（二）专项合规管理制度

关于企业特定类别知识产权的细化管理制度，例如专利管理办法、商标管理办法、著作权管理办法、商业秘密管理办法等。

（三）工作指南与流程

关于企业知识产权合规管理工作的流程性规则或指南，例如专利申请流程，知识产权许可、转让、放弃流程，商标申请流程，著作权登记流程等。

（四）制度配套文件

企业知识产权合规管理工作中，需要设计相关制度的配套文件（尤其是涉及职务成果知识产权归属及奖励报酬等员工相关事宜时）以实现管理机制闭环，例如保密协议、劳动合同、竞业限制及保密承诺书，以及在员工入职知识产权背景调查、离职（调动）核查、专利奖酬发放领取确认等方面需要的配套文件。

（五）合规管理台账

企业开展知识产权合规管理所需的管理台账，包括但不限于专利管理台账、商标管理台账、著作权管理台账、域名管理台账、知识产权纠纷记录台账等。

二、知识产权合规体系运行机制

在《中央企业合规管理办法》中，重要的合规体系运行机制包括事前的合规风险识别机制、事中的合规风险应对机制以及事后的合规评价追责机制。上述机制也可被大量应用于知识产权合规体系中，具体如下。

（一）知识产权合规风险识别预警机制

针对通常的合规板块，企业一般需要基于相关法律法规，系统梳理经营管理活动中存在的合规风险，建立合规风险库，对风险发生的可能性、影响程度、潜在后果等进行系统分析，对于典型性、普遍性和可能产生较为严重后果的风险及时发布预警。合规风险库一般由合规管理牵头部门负责管理，并由业务部门协助定期更新和完善。

对于知识产权板块而言，风险的梳理除了依据法律法规的明确规定，还有必要结合相关领域的商业实践予以考量。同时，风险识别和预警机制分布在企业日常经营的各个方面，例如技术研发立项前的预研和专利检索、涉及技术秘密的文献资料发布、市场营销宣传物料的设计、人员招聘前的知识产权背景调查。

（二）知识产权合规风险应对机制

对于不同类别的知识产权合规风险，企业需要提前制订相应的处置预案，以便有效应对相关风险。风险处置预案至少应当涵盖以下内容：处置人员的权责、风险事件的描述、对应具体处置措施、风险处置的时限以及与后续措施的衔接等。对于较为重大的知识产权合规风险，往往还涉及引入外部机构提供专业协助，也应当考虑相关的协助机制。

（三）知识产权合规评价与追责机制

企业应当定期或不定期对知识产权的合规状况开展合规评价，评价的标准包括但不限于风险识别以及分析的充分性、及时性，制度流程的有效性、完整性，部门人员权责落实程度，第三方监管以及举报机制等。

根据自身情况，企业还应制定合规风险问责机制，对知识产权合规绩效目标、绩效奖金和其他激励措施进行定期评审，以验证是否有适当的措施来防止不合规行为；对违反企业知识产权合规义务、目标、制度和要求的人员，进行适当的纪律处分，必要时追究相关责任。

第四章 知识产权合规管理的应用场景

"走出去"企业知识产权管理适用于建立、运行并持续改进知识产权管理体系并寻求外部组织对其知识产权管理体系的评价，它能够帮助企业在研究开发、采购生产、涉外贸易、销售环节中涉及员工流动、信息发布、合同管理、商业秘密情形下知识产权的获取、维护、运用及信息利用等方面规避知识产权风险。建立有效的知识产权合规管理体系并不能杜绝不合规的发生，但能够降低不合规发生的风险，或减轻不合规发生后所带来的不利影响。

第一节 研发环节主要知识产权风险合规指引

一、研发环节的专利风险合规

（一）企业研发活动中知识产权风险来源

企业研发从立项到产品上市的全过程都贯穿着知识产权工作。针对研发环节的知识产权风险合规管理，就是要将知识产权风险防控的"关口"前移，有助于企业从根本上规避技术来源的纠纷，能够最大限度地降低未来侵犯他人知识产权的风险。

研发项目的专利风险一般来源于立项阶段，即立项时不了解本领域的专利状况和竞争对手的专利布局，造成在投入了大量的研发资源后，或者项目上马后才发现竞争对手在该领域已经有了密集的专利布局且很难突破。如果不在研发早期了解并解决此类风险，其会在后期影响整个研发项目的进度，甚至可能由于无法解决专利纠纷而不得不终止该项目。在后续项目进程中，由于技术方案的调整，或者有新公开的竞争性专利，也会产生新的专利风险。因此，企业需要在产品上市或工艺上马之前对产品或者工艺方法进行整体的专利自由实施分析，以便对研发方案做专利规避设计并做好产品上市的专利风险应对策略（见图4－1）。

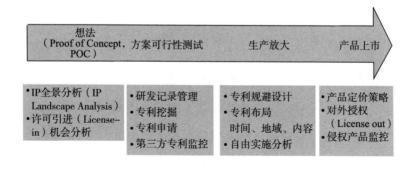

图4－1　专利与企业研发、生产流程的关系

（二）专利风险合规审核要点

1. 是否侵犯他人专利

研发环节专利风险合规的审核要点应聚焦待开发产品的生产方法、相关配套技术、外观设计落入他人发明、实用新型、外观

设计专利权的保护范围。在立项阶段为了避免待开发的产品或技术落入现有专利权的保护范围，应做好检索分析、专利预警，揭示相关利益主体所面临的专利风险，对利益主体发出预警预报，制定应对策略，减少或避免未来可能的损失。其中专利全景分析、第三方专利的监控、自由实施分析等方面的工作是开展合规管理的重点。

（1）专利全景分析。

专利全景分析是在研发立项阶段或立项之前，根据技术方案或者创意概念进行专利检索，筛选出与该项目相关的专利，继而从技术内容、专利权人、地域分布等方面进行分析。由于专利文献是世界上最大的技术信息源，据实证统计分析，专利文献包含了世界科学技术信息的 90%～95%，而且 70%～80% 发明创造只通过专利文献公开，并不见诸于其他科技文献。因此，对于应用型技术开发来说，专利全景分析能帮助企业了解与项目相关的技术发展的现状，发现研发的突破口，提高研发的起点和效率。另外，立项阶段的专利全景分析可以帮助企业了解该领域的专利状况和竞争对手的专利布局，揭示潜在的专利风险。

例如，企业要进入无人机领域的研发和制造，在检索和分析了无人机行业的专利状况后发现，目前的专利主要集中在飞行控制（G05D）领域，其次是旋翼机（B64C）领域。全球范围内的无人机专利权人主要是深圳市大疆创新科技有限公司、国家电网有限公司、北京航空航天大学、波音公司、霍尼韦尔公司等。如果企业想在无人机行业的某一具体方向，例如起落架上进一步研发，该具体领域的专利全景分析能够帮助企业发现研发路线上的潜在专利风险，为企业提供可参考的研发方向，以便调整研发路径和发现该领域技术的空白点。如果某些竞争对手的专利无法规避，企业需要尽早考虑应对策略，包括与竞争对手谈许可、准备专利无效宣告请求的证据等。

（2）自由实施分析。

自由实施分析（Freedom to Operate Analysis，FTO）是由专利律师出具的法律意见书，表明在特定的司法管辖区域内采用特定技术的制造、使用、销售产品、许诺销售产品等行为，是否会侵犯第三方专利权。FTO 分析也是另一种专利预警的模式。在企业的新产品要上市销售、出口和参展时，尤其是进入欧美等高度重视知识产权保护的国家，有必要请当地的专利律师进行 FTO 专利风险排查，揭示潜在的专利风险。

对于研发项目的 FTO 分析，企业首先要考虑在产品上市之前或者工艺上马之前的哪个时间点进行 FTO 分析。时间点的选择根据企业类型、研发项目的时间长短、项目的重要程度等因素会有所不同。比如在一些研发周期短的快速消费品行业，包括护发品、个人清洁品、家庭清洁护理品等领域，研发项目的周期往往在 1—2 年，那么在研发早期基本确定配方组成后就需要立即开始 FTO 分析，或者将专利全景分析与 FTO 分析合并在一起进行。但是对于研发周期比较长的化工行业、研发周期超过 10 年的医药行业，

FTO 分析时间点的选择就需要企业考虑具体情况而定。如果 FTO 分析在研发进程中太早进行，可能技术路线、产品组成还未确定，导致 FTO 分析无法给出明确的结论，需要后续技术确定后再更新 FTO 报告，给出明确的专利风险的结论；如果 FTO 分析的时间点过晚，接近产品上市前，虽然 FTO 分析可以基于明确的技术方案进行专利分析，但是由于接近产品上市，一旦发现有专利侵权的风险，需要考虑应对的策略，比如专利规避设计、寻求专利许可、准备无效宣告请求等都需要时间，无疑会对预定的产品上市计划产生影响。因此，在时间的选择上，企业可以在技术路线、产品组成基本确定的情况下进行 FTO 分析比较合适，并且也能有时间进行专利规避设计。当然，对于重要的研发项目，企业也可以把时间点提前，后续在调整项目技术方案的基础上再次进行 FTO 分析。

其次，FTO 分析国家的选择主要是考虑产品需要销售到哪些国家，如果是生产工艺的话，企业需要考虑在哪些国家设厂生产。由于同样的发明在不同国家授权的范围不同，且各国侵权判定如等同侵权、间接侵权的认定标准不一致，企业需要在产品销售、使用、生产的国家单独进行 FTO 分析，确定潜在的专利风险。那么对于产品销往海外众多国家，比如几十个甚至上百个国家的产品，如果要在这些国家都进行 FTO 分析的话，一方面工作量很大，另一方面企业的法律服务支出会非常高。在平衡专利风险和资金投入上，企业可以考虑在产品销售的主要国家进行 FTO 分析，比如在产品销售量最大的 3—5 个国家进行 FTO 分析。如果在主要市场没有风险的话，可以推定在其他市场有专利风险的可能性是非常低的，因为通常竞争对手在申请专利的时候，也都是选择在主要市场申请专利。

再次，在 FTO 分析过程中，企业和外部律师的沟通非常重要。尤其在将产品销往美国时，由于美国有证据开示的程序，一旦进入诉讼程序，一方当事人需要向对方当事人披露与案件有关的资料信息。因此，企业准备将产品销往美国、英国等国家时，在 FTO 分析中对于有专利侵权风险可能性的内容，企业可以与外部律师进行电话沟通，把问题澄清后让律师出具正式的 FTO 报告。

最后，在 FTO 分析过程，从检索到国家的选择再到分析都会面临无法穷尽所有潜在的风险。尽管企业需要平衡资金投入和 FTO 分析的工作量之间的关系，但需要确保 FTO 分析各个环节减少遗漏风险的可能性，揭示尽可能多的潜在问题。

（3）竞争性专利监控。

即使企业在研发立项阶段和产品上市阶段分别引入了前述的专利预警机制，仍然需要定期监控竞争对手的专利情况。应持续对最新公开主要竞争对手及其相关的专利，第一时间了解其研发现状、研发动向，并进行相关专利侵权风险评估。在发现专利风险后，企业尽早评估相关专利对自己企业的影响，制定积极有效的应对策略。例如，在尚处于申请阶段的专利，考虑向专利行政管理机构提交公众意见来阻止专利申请的授权；对授权后的专利提出无效宣告请求；考虑对风险专利进行规避设计，或和对方协商专利许可、合作等方式来消除潜在的专利风险。

企业引入专利预警机制后，仍需定期监控竞争对手专利情况，了解其研发现状、动向，评估相关风险并制订应对策略。当发现专利风险时，企业应尽早评估其对企业的影响，采取积极有效的应对策略，例如提交公众意见阻止专利授权、提出无效宣告请求、规避设计、寻求专利许可或合作等。

2. 自身专利布局是否周密

企业在走出去的进程中，不仅需要有应对知识产权纠纷的能力，还需要规划和积累专利，这是在未来应对竞争对手提起诉讼时进行反诉的有力武器，也是与竞争对手进行交叉许可谈判时的重要筹码。仅把专利当作保护自身研发创新的工具或者作为保护研发成果的工具是不够的，企业还需要以商业目标为导向，有策略地部署专利，使专利布局成为企业海外商业策略的重要部分，为企业的海外市场开拓铺平道路。

专利挖掘和专利布局是相互紧密关联但彼此又有区别的工作。专利挖掘强调从研发成果中找到值得进行专利保护的技术点，它是专利布局工作的基础。而专利布局则强调从一个项目的整体目标或者企业发展的商业目标出发，进而考虑需要什么样的专利来帮助企业实现商业目标。在专利布局时，企业不仅需要考虑项目中的技术点的可专利性和专利价值，而且需要考虑一个项目或者企业在未来经营中，希望达到的商业目标是什么，进而配合项目整体开发计划和企业未来的发展，综合考虑专利申请的时机、地域、技术内容等因素，为企业未来的发展构筑专利网。

（1）专利布局的时机。

一旦企业确定了立项目标，应当尽早将专利布局落实为专利申请规划。通常，专利布局和专利申请的工作是越早越好。绝大多数行业的竞争是非常激烈的，对企业来说，抢占先机、条件成熟时尽快申请专利尤为重要。但是，医药研发的周期比较长，等到产品上市的时候，留给产品的专利保护期通常只有六七年。对于某些产品，也存在医药企业延后专利申请的时机，直到进入临床研究前才递交专利申请，希望获得在产品上市后更长的专利保护期。目前，全球主要国家的专利申请采用"先申请原则"，企业延后申请专利的时机会面临巨大的风险，竞争对手有可能较早申请专利而获得专利权。

此外，企业针对外观设计专利也可能延后专利申请的时机。比如手机和其他的电子产品、家具、玩具的外观设计，企业可能在产品上市前夕才递交外观设计专利申请。由于外观设计专利的审查周期非常短，企业不希望竞争对手过早了解到自己产品的情况，因而会配合产品上市的时间点来合理安排外观设计专利申请的递交时机。

总的来说，企业需要综合行业的特点、产品的特点、市场竞争的激烈程度等因素考虑专利申请的时机。但是，一般情况下，当技术方案符合专利申请的条件时，尤其是针对发明专利申请，建议尽早申请以获得主动权。

（2）专利布局的地域。

专利权具有地域性，当中国企业进入海外市场时，需要考虑在哪些国家或地区进行专利布局。

一是考虑在主要的市场国家和生产地是否有布局。企业要考虑目前和未来主要的市场国家或地区在哪里。针对产品销售的主要国家或地区以及未来的新兴市场进行专利布局，阻止竞争对手的进入。如果是工艺方法，企业需要考虑这类工艺方法会用在哪些国家或地区，未来会在哪些国家或地区设厂来实施这些工艺，会和哪些国家或地区的合作伙伴合作来实施，或者在哪些国家或地区采用贴牌生产（OEM）来实施这些工艺。

二是考虑在竞争对手的市场和生产地是否有布局。竞争对手的产品市场和竞争对手的生产地，也是企业在专利布局的地域选择中要考虑的因素。在竞争对手的市场和生产地进行专利布局，作为遏制竞争对手的手段，也可以作为未来和竞争对手在其他领域进行谈判的筹码。

三是考虑在货物的运输路径上是否有布局。货物的运输途径也是专利布局中考虑的一个因素。在欧洲，许多货物是通过海上运输到荷兰的鹿特丹、德国的汉堡，再运送到欧洲其他国家；即便荷兰和德国本身不是产品最终销售的市场，企业如果在专利布局上也考虑这两个国家，并在这两个国家申请相关专利，就能通过海关知识产权保护途径阻止货物进口到欧洲。

四是考虑行业重要展会所在国家或地区是否有布局。企业专利布局还需要考虑所在的行业通常有哪些重要的展会，一般是在哪些国家或地区举办的。比如，中国的香港、法国的巴黎、德国的汉诺威、西班牙的巴塞罗那等地是世界上重要的展会城市。企业如果在这些展会所在国家或地区对相关产品申请了专利，一旦竞争对手的产品出现在该国或该地区的展会上，那么可以依据该国或该地区的展会知识产权保护体系，申请临时禁令、行政保护等措施。

（3）专利布局的技术点。

在专利布局中，最核心的部分就是如何通过发明点的选择来获得高价值的专利，或者通过购买相关的专利，从而构筑专利网来保护企业自身的研发创新、突破竞争对手核心专利的限制来获得外围专利，企业也可以通过专利布局来提升企业在产业链中的话语权。

专利布局的技术点可以从企业产品和项目的整体架构出发，从多技术角度进行保护。另外，专利布局的内容选择也要考虑技术向上下游产业以及其他相关产业延伸的可能性。

第一，围绕产品是否构建了多角度、全方位的专利保护。

当企业开发了一套工艺或研发出新产品，通常需要对各个工艺环节或产品的不同部件及其各种改进进行专利保护，构筑相互关联的专利网。如果企业只申请一两件专利来保护自己的核心技术，而不进一步开发改进的技术和外围的应用技术，一旦竞争对手申请了外围专利，将对企业拥有的核心技术的发展造成极大的限制。

在医药行业，高投入、高风险和研发周期长的特性决定了医药企业千方百计地通过专利来延长对药品的保护期。原研药企业通过构筑有效的专利体系，使得药品在核心专利到期后，仍能依靠后续专利尽可能排除竞争对手，而保持高额利润。

原研药企业在申请了核心化合物专利之后，会继续对化合物进一步研究，申请后续的专利来保护优选化合物、化合物的盐、晶型、手性化合物、光学异构体、中间体；对药物剂型、给药剂量和/或给药间隔、针对特定人群的给药方法、联合给药方法等申请专利；对药品的制备工艺、检测方法进一步优化，对这些技术方案申请专利；进一步研究药品的其他适应证，针对第二药用用途的剂型、给药方法等，逐步形成严密的专利保护。

例如诺华公司治疗白血病的药物甲磺酸伊马替尼，有一系列的化合物专利，以及药物剂型、晶型、治疗胃肠道间质瘤的第二药用用途的专利。另外，阿斯利康公司的奥美拉唑镁肠溶片、辉瑞公司的降脂药立普妥都是采用类似的核心专利加一系列外围专利的方式来延伸专利的保护范围，拓展市场。

再如智能手机行业。智能手机行业是全球专利诉讼案频发的领域，国内各大智能手机厂商进军全球市场首要解决的就是专利问题。

OPPO 凭借高质量的专利布局实现全球专利纠纷和解

　　以 OPPO 广东移动通信有限公司（以下简称"OPPO"）为例，OPPO 已经在全球 40 多个国家和地区开展业务，伴随其全球化脚步，为提前应对进入海外市场所面临的专利纠纷风险，OPPO 通过多年来积极自主研发以及合作和收购方式，在全球进行专利布局。在国家知识产权局公告的发明授权专利中，OPPO 的发明专利授权量位列 2020 年度企业专利权人第二，OPPO 已经连续三年在中国专利申请量排名企业专利权人前三；2020 年全球企业专利权人 PCT 申请量中，OPPO 排名第八；其专利申请的内容全面涵盖"终端、设备、装置、系统、数据、网络、来电处理、电源、通话处理、耳机、牌照、解锁、导航、验钞、穿衣识别、自拍、旋转、皮肤检测、防偷窥"等诸多应用领域或方向。并且 OPPO 还花费数十亿元资金购买专利，为开发海外市场铺平道路。2018 年 5 月，OPPO 收购了音频巨头杜比实验室（Dolby）的 20 多项专利组合，这些专利组合主要涵盖了 240 多个 Dolby 的音频和视频技术。

　　OPPO 多年来的专利积累为其在应对诺基亚公司、Sisvel 公司、夏普公司等发起的全球专利诉讼中提供了有利的对抗和筹码。2021 年 10 月 8 日，OPPO 与夏普公司正式宣布达成专利交叉许可协议和合作，结束了自 2020 年开始在多个国家和地区的专利诉讼和争议，签署了涵盖双方终端产品实施通信技术标准所需的全球专利许可的协议。在夏普公司提起诉讼的时候，OPPO能以强硬的方式在多个国家和地区对夏普公司提起诉讼，最终使双方的全球专利诉讼能够和平解决。这得益于OPPO持续多年在研发创新和知识产权上的大力投入，显著提升了自身的知识产权实力和业内的影响力。OPPO对高质量专利的布局和积极的知识产权战略为中国企业的国际化树立了良好的示范。

第二，基于产业链专利是否进行了延伸布局。

专利的竞争不仅是企业和同行业竞争对手之间的竞争，如能将专利的优势渗透到上下游行业以及相关行业中，将增强企业在产业链中的话语权，并且为技术拓展提供保障。以化工行业为例，尤其是化工原材料的生产企业。杜邦公司生产一系列具有防弹、切割防护、阻燃等特性的高分子纤维类产品。除了对纤维结构、组合物、制备方法申请了专利，杜邦公司的专利布局还延伸到下游织物、服装，以及和纤维有关的软管、过滤器等大量下游产品相关的专利。通过这种对下游需求和潜在产品的研究，上游企业对下游企业能够形成专利上的优势，从而影响下游企业在采购中对供应商的选择。

走向全球化的中国企业，在制定企业发展战略时，一方面在生产和创新中挖掘自己的专利技术；另一方面，为达成特定商业目标需要设立具体的专利规划，利用专利来增强企业的竞争力，并积极参与行业技术标准的制订过程中，寻求将专利技术纳入行业标准的可能性。另外，企业可以利用布局的专利适时向竞争对手发动专利攻势。同时，企业要认识到，专利布局是一项涉及多部门的、复杂的工作，需要技术、市场、知识产权、决策层等多方面人员的参与讨论。企业的专利布局更需要随着行业发展、竞争对手研发和市场动向不断做出调整。

（三）潜在侵犯专利权纠纷应对

在发现专利风险后，企业应尽早评估第三方专利对自己的影响，制订积极有效的应对策略。例如，在竞争对手的专利申请阶段向专利局提交公众意见来阻止专利申请的授权、对授权后的专利提出无效宣告请求、针对竞争对手的专利进行专利规避设计、与对方协商专利许可，以及与对方通过研发合作的方式来消除专利风险等应对措施。

对于研发早期发现的风险专利，企业可以考虑采用专利规避设计。如果专利规避设计的方案导致产品性能下降、成本提升，则可以考虑向权利人寻求专利许可。与竞争对手进行专利许可谈判往往耗时很长，双方对许可费问题很难在短时间内达成一致，企业有必要同时准备好挑战第三方专利的证据。各国的专利制度给挑战第三方专利或专利申请提供了多种程序。例如，专利申请阶段，任何人都可以提交公众意见来降低专利申请被授权的可能性；专利授权后任何人都可以提交专利无效宣告请求；在欧洲专利授权后的 9 个月内可以提交异议，如果过了 9 个月的异议期，就需要到各个国家分别启动无效宣告请求程序；美国专利在授权后有多种不同的挑战程序。在竞争对手提起诉讼的情况下，企业可以采用向竞争对手提起反诉的对抗策略，迫使对方愿意进行许可谈判。

例如，跨国制药企业赛诺菲集团和合作伙伴再生元制药公司在合作研发新一类降脂药物 PCSK9 抑制剂的过程中，知晓竞争对手安进公司的相关 PCSK9 的单克隆抗体专利。2014 年底，安进公司在美国特拉华州地方法院起诉赛诺菲集团和再生元制药公司侵犯了其有关 PCSK9 单抗的专利，随后赛诺菲集团和再生元制药公司对安进公司的专利启动了无效宣告请求程序。最终在 2021 年 2 月，美国联邦巡回上诉法院判决安进公司的多项专利权利要求保护范围过于广泛，因而被宣告无效（涉案专利为 US8829165B2、US8859741B2）。由于 PCSK9 抑制剂市场每年超过 100 亿美元，赛诺菲集团和再生元制药公司在知晓第三方专利的情况下，在评估产品的商业预期和第三方专利稳定性和侵权风险后，仍积极推进药品开发，并最终无效竞争对手的专利，是企业积极运用专利策略助力商业目标实现的典型案例。

再如，在电子通信领域，2011 年 4 月 28 日，华为技术有限公司和中兴通讯股份有限公司在欧洲展开了专利战，华为技术有限公司起诉中兴通讯股份有限公司侵犯了其第四代移动通信系统（LTE）的标准必要专利。对于华为技术有限公司的做法，中兴通讯股份有限公司迅速反击。2011年4月29日，中兴通讯股份有限公司在中国递交诉状，起诉华为技术有限公司侵犯其第四代移动通信系统专利。中兴通讯股份有限公司的快速反应来自企业完善的专利预警机制，对竞争对手专利和产品的了解，并且自身在移动通信系统领域有大量的专利布局，针对产品上市早已制定了各种专利风险的应对策略，才能在危机发生时从容不迫。

企业在制定第三方专利的应对策略时，需要综合考虑拟上市产品本身的商业价值、产品上市的紧迫性、侵权风险的大小、对方专利的稳定性等诸多因素，根据企业对风险的承受能力最终作出商业决定。现实中，有不少项目难免有或多或少的专利风险，关键在于提前预判和分析各类风险，并将这些信息传递给企业管理层作出应对策略。企业可以根据自身情况提前解决或消除风险，或者在后续收到警告函或者被诉时，以便有效应对。有条件的企业可设立知识产权风险准备金用于未来的维权诉讼。

二、研发环节的商业秘密合规管理

（一）企业研发环节商业秘密的风险来源

商业秘密是企业的一项无形财产，关乎企业的竞争力，对企业的发展至关重要，有的甚至直接影响企业的生存。侵犯商业秘密的行为一般是指被控当事人盗窃或获取他人享有的信息，或者收受或占有未经信息拥有人批准而取得的信息；并且，被指控当事人有意使用该信息为其或其他人谋取经济利益，或者被控当事人知道或有意让该信息拥有人遭受伤害。商业秘密一般涉及企业经营的产品或服务等信息。

1. 被动的侵犯商业秘密合规风险

企业研发环节中商业秘密的风险一般产生于企业与合作方共同开发，企业与商业伙伴、供应商的产品或服务相互竞争或在技术链上互联互通。企业在研发过程中无可避免地会告知对方的一些产品、技术内容，或者客观上与对方的产品、技术存在一定程度的近似，以至于无可避免地使用到相同的技术方案。企业在研发环节无意识、非故意地获得了上述信息，该风险是一种被动的行为风险。

2. 主动的侵犯商业秘密合规风险

企业研发环节中商业秘密的风险另一来源是因与竞争对手进行市场竞争。企业为了在与对手的市场竞争中抢占先机，意图获取竞争对手的产品或不公开的、关键的技术方案等商业情报，达到提升自身产品、技术竞争力的目的。而在收集分析竞争对手的商业情报时，采用了法律所规定的禁止使用的方式或手段。企业采取非法方式或手段获取竞争性情报的行为是一种主动的行为风险。

上述两种商业秘密风险均是企业研发环节中面临的主要合规

风险，可能导致未披露利益冲突、违反保密义务、盗窃商业秘密
等诉讼频发。

（二）企业研发环节商业秘密风险合规要点

1. 严格遵循合作研发或与商业伙伴的协议

对于合作研发或开发商业伙伴的关联的产品技术之初，企业
应优先订立开发协议或备忘录，针对知识产权归属权问题予以清
晰界定，并约定衍生产品或技术的处置方式。

在研发过程中，企业应严格按照保密协议规定的方式和范围
使用业务合作伙伴的保密信息。完整准确并尽可能详细地记录所
有独立研发过程，包括参与研发的人员、研发的产品、所有信息
来源以及何时、何地和如何进行的产品研发，取得的阶段性成果
等，以便于研发成果的溯源和证明。企业内部还应建立配套的商
业秘密管理办法，制定适当的操作规范，确保开发过程不受任何
第三方保密信息的影响。

建议企业将内部开发团队与能够接触业务的合作伙伴保密信
息的团队进行隔离。一旦发生商业秘密纠纷，便于界定相关的责
任。严格控制接触合作伙伴保密信息，建立按需访问机制，只有
符合保密协议规定且出于适当目的人员才能访问该信息。确保处
理合作伙伴信息的所有员工了解保密协议的内容和法律义务，并
确保员工严格按照保密协议执行。确保接触相关秘密的人员按照
保密协议的规定妥善归还或销毁保密信息。

企业应仔细审查并妥善保管所有与合作伙伴签署的保密协议，确保公司遵守保密协议，重点关注保密协议中对使用保密信息的限制；应避免接收与业务合作目的不相关或与项目执行不必要的保密信息。特别是做好记录和管理与合作伙伴的信息交流。

2. 规范商业情报收集方式

企业应当独立自主开展研发，避免采用非常手段获得商业情报。例如，避免通过黑客、窃听等不正当或非法手段收集信息，也应避免接受或使用已知或怀疑是通过不正当或非法手段获得的信息。企业在拜访调研客户以及任何接触或接近竞争对手时，避免谎报自己的身份或工作地点。企业应记录所收集的任何竞争情报的来源，包括所参考的材料、任何受访人员的身份、收集信息的大致时间等关键溯源和证明材料。建议企业使用第三方商业情报收集和分析机构，以尽最大程度免除或减轻自身的责任和义务负担。

第二节　生产加工环节主要知识产权风险合规指引

企业在生产过程中涉及专有技术、加工工艺、生产设备改进方案、生产信息、采购与加工合同、生产控制软件、产品造型、特有商品装潢等信息，对应的知识产权包括专利、商标、计算机软件、著作权、商业秘密等。

一、企业生产环节的专利风险合规

（一）企业生产采购环节专利风险来源

企业在生产过程中，往往不重视对供应商及所采购产品的知识产权状况进行评价和确定，很少要求供应商提供涉及的知识产权权属证明。特别是在委托加工、来料加工等对外协作生产的过程中，由于在采购组装的过程中未对涉及的知识产权进行规范，并未明确代工过程的知识产权权责，往往埋下了侵权的隐患。

委托加工的产品包含专利技术，但定作人或委托人不是专利权人，也没有获得专利实施许可权，则承揽人或加工人很容易掉进侵权的法律陷阱，陷入侵权诉讼而遭受损失。例如，2007 年全球最大的电热水壶温控器制造商英国的施特里克斯公司状告中国好妈咪电器厂及其供应商等多家小企业侵犯其专利权，由于贴牌生产就是通过购买各种原材料，然后组装起来，完成未贴品牌的"白机"产品的制造过程。在整个"白机"产业链上，很多企业根本不对其中涉及的知识产权进行明确规范，一旦产生侵权纠纷就相互推诿，但最终都难以逃脱侵权的命运。

（二）企业生产采购专利合规要点

企业生产采购专利合规要点主要有以下三个方面。

（1）企业应对原材料、设备等采购活动加强知识产权管理。

采购活动的知识产权管理由知识产权部与采购部门配合实施。至少应包括合同知识产权审查表、供应方知识产权权属证明材料的管理。采购合同中要明确知识产权条款，明确双方知识产权权利和义务。

（2）企业应对涉及知识产权标记的产品，由技术部识别供应方的相关知识产权信息，并由采购部负责向供应方收集，必要时要求供应方提供权属证明，并按规定进行知识产权的标识。

（3）企业应加强对供应方信息、供货渠道、进价策略等信息资料的保密工作，防止商业秘密泄露。

二、企业贴牌生产环节的商标风险合规

（一）贴牌生产商标合规风险来源

贴牌生产（OEM）是跨国企业降低生产成本，提高品牌附加值的一种有效经营方式。OEM 是英文 Original equipment manufacturer 的缩写，意思为原始设备制造商，是指拥有产品名牌的生产者利用自己掌握的关键核心技术负责设计和开发产品，同时控制销售渠道，为了增加产品的产量和销售、降低上新生产线的风险或者为了赢得市场时间，通过合同订购的方式委托其他具有生产资质和能力的同类产品厂家进行生产，并直接贴上自己的品牌商标。

贴牌生产是加工贸易的一种形式。贴牌加工行为具体分为两种情形：第一种为加工方在同一种商品上使用与注册商标相同或

相似的贴牌加工商标的行为；第二种为加工方在类似商品上使用与注册商标相同或相似的贴牌加工商标的行为。

在贴牌生产中，企业经常需要在产品上加贴定作人要求贴附的商标，因此，在加工过程中使用他人商标的行为，属于商标使用许可范围。在这种关系之下，委托方是许可方，贴牌生产企业是被许可方。

未经商标注册人许可，在同一种商品或者类似商品上使用与注册商标相同或者相似商标的，即属于侵犯注册商标专用权。在我国的司法实践中，承揽加工带有他人注册商标的商品的，承揽人应当对委托人是否享有注册商标专用权进行审查。贴牌生产商标合规风险一般来源于以下四个方面。

1. 委托人与贴牌生产企业合同未明确知识产权使用

合同是明确委托人与贴牌生产企业权利和义务的有效证据，双方订立书面合同时，应对承揽标的、标的物的数量和质量、原材料的来源及数量、质量要求、报酬、承揽方式、合同履行的期限、地点、方式、验收方法及标准、违约责任，以及商标使用方面进行规定。

有的企业虽然签订合同，但条款规定过于笼统，缺少成为必备条款，特别是缺少对商标权作出专门的规定，缺少对委托人提供的商标涉及侵权时的责任承担问题的规定。

2. 未对委托人商标进行审查

贴牌生产企业在承接委托人业务订单时，负有合理审查义务，即对委托方是否合法商标权人进行审核。贴牌生产企业应当时刻注意保护自己，在签订合同前应要求定作人提供合法有效的商标注册证书，仔细审核对方提供的商标文件，要求对方保证生产企业不会因贴牌生产中使用该商标导致侵犯第三人权利。如果没有要求委托人提供商标注册证书或商标使用权相关证明，将产生侵犯商标权风险。如果委托人的行为构成侵权，贴牌生产企业需承担连带赔偿责任。

3. 未经许可擅自销售贴牌产品商标

委托人不仅继续要求贴牌生产企业生产贴牌产品自行销售，而且又委托贴牌生产企业销售贴牌产品，双方另行签订委托销售合同。在委托人允许贴牌生产企业销售贴牌产品时，双方又形成了新的生产和销售的关系，贴牌生产企业应当在许可的范围和销售数量内进行，否则构成违约，甚至商标侵权。如果没有经过许可擅自销售贴牌产品，则可能构成商标侵权。贴牌生产需要获得权利人的合法授权，否则在出口申报环节可能被海关查处。当事人不能提供授权文书或正规购买证明，属于出口侵犯他人商标专用权货物的行为。海关可以决定对当事人予以处罚。

4. 贴牌生产企业未按照规定进行标注

贴牌产品标识应真实、准确，不得标注引人误解或虚假的产品标识，不得假冒或冒充注册商标，不得伪造或冒用认证标志等质量标志。贴牌生产产品及内外包装上标注应当一致，不得互相矛盾。产品标识所使用的文字应符合销售目标国家或地区的法律规定。否则，违反法律有关的商标标注规定，企业将要承担相应的行政责任、民事责任甚至是刑事责任。

（二）贴牌加工知识产权合规审查要点

国外企业委托我国境内企业进行贴牌加工制造时，至少要对以下七个方面加以合规审查，以此降低自身企业在委托我国境内企业进行贴牌加工制造时被诉侵权的风险。

（1）审查企业在所属国家或地区是否享有注册商标专用权或者已经取得合法授权许可，注册商标是否在有效期内。

（2）委托贴牌的商标在所在国是否已被注册或已具备一定知名度（是否获得著名商标、名牌商标或驰名商标的认证）。

（3）此前是否就委托贴牌的商标与中国企业发生过争议。

（4）查询贴牌加工生产的产品的商标及专利是否有被第三人在海关知识产权保护备案系统进行备案。

（5）委托业务受理前，谨慎审查国外企业的商标资质，对于其出具的证明文件和法律文书进行严格的形式审查。

（6）委托业务订立合同时，一要明确该合同为加工承揽合同而非销售合同，二要明确该批货物的具体销售地点，并再次确认国外企业在相应销售地具有使用有关商标的资质。

（7）完成贴牌任务后，确保所有商品销往合同指定的国家或地区，并妥善留存相关单据和文书。只有建立周密的防范措施，才能将商标侵权风险消弭于无形。

此外，企业进行贴牌加工行为时，负责交易的外贸人员应当与企业关务、法务人员保持协作，避免出现案例中的合规和法律风险。

本田公司 "HONDA" 涉外定牌加工侵害商标案

基本案情：本田技研工业株式会社（以下简称"本田公司"）在中国拥有"HONDA"注册商标，核定使用在摩托车等商品上。缅甸美华公司委托重庆恒胜集团有限公司（与重庆恒胜鑫泰贸易有限公司系母子公司关系，法定代表人均为万某）加工生产标有"HONDAKIT"标识的摩托车整车散件若干，重庆恒胜鑫泰贸易有限公司申报出口时被海关查获，本田公司遂起诉上述两个公司商标侵权。

一审法院经审理认为构成侵权，判决两个被诉侵权公司停止侵权并赔偿本田公司 30 万元人民币。两个被诉侵权公司不服提起上诉，二审法院以被诉侵权行为属于涉外定牌加工行为为由，认定不构成商标侵权，驳回本田公司的诉讼请求。本田公司向最高人民法院申请再审，最高人民法院再审后撤销二审判决，维持一审判决结果。

最高人民法院对相关法律适用问题重新作出了认定分析：商标使用行为通常包括物理贴附、市场流通等多个环节，对商标法规定的商标的使用宜作整体一致理解，不能以单一侧面代替行为整体，不应当以单一环节遮蔽行为过程，更不应当将一个行为割裂开分开。对相关法律问题的认识，要遵循商标侵权判定基本规则，要从维护商标法律制度统一性的角度出发，不能把涉外定牌加工这种贸易方式简单固化为侵害商标权的例外情形。对于未在中国取得注册的商标，虽然在外国获得了注册，但不应当在中国享有注册商标专用权，中国境内的民事主体所获得的所谓商标使用授权，不受中国商标法保护，不属于合法的不侵权抗辩事由。

数据来源：2019 年中国法院十大知识产权案件，最高人民法院（2019）最高法民再 138 号民事判决书。

第三节 跨境贸易主要知识产权风险合规指引

一、跨境电商贸易知识产权风险合规

（一）跨境电商知识产权合规要点

1. 侵犯注册商标权

（1）销售的商品或提供的服务中，企业应核实是否未经商标权利人许可，在相同或类似商品/服务类别范围内，使用与他人注册商标相同或近似的商标；或者明知侵权仍然售卖上述侵害他人商标专用权的商品，且无法证明商品是通过合法渠道取得。

（2）在推广宣传过程中，企业应核实其网络店铺页面、商品详情页面、广告语、关键词、商品描述、背景音乐、视频等是否使用与他人注册商标相同或近似的商标；或者企业是否上传伪造的商标授权证明或商标许可使用证明进行宣传。

2. 侵犯著作权

销售的商品或提供的服务中，企业销售的商品（特别是服饰、玩具、日用品等）或提供的服务（如广告设计）中，是否涉及擅自复制、剽窃、改编、翻译、传播他人作品，特别是图片、图案、字体、形象、音乐、视频、计算机软件等行为。

企业的产品宣传中，是否涉及擅自复制、剽窃、改编、翻译、传播他人作品，用于店铺或商品详情页面的排版设计、宣传图片、广告语、关键词、背景音乐、视频等行为，并且上传伪造的著作权登记证明或许可使用证明进行宣传。

3. 侵犯专利权

企业应核实其网络店铺页面或商品详情页面所展示销售的商品是否侵犯他人的发明、实用新型或外观设计专利权。

企业应核实其网络店铺页面或商品详情页面所展示销售的商品是否未经专利权人许可，在商品或其包装上标注他人的专利标识。

企业应核实在其店铺页面、商品详情页面、商品包装等材料中将尚处于专利申请阶段或未被授予专利权的技术或者设计称为专利技术或专利设计，或使用伪造的专利证书、专利文件或专利申请文件。

企业应核实是否存在销售伪造的专利证书、专利文件或专利申请文件的行为。

4. 不正当竞争

企业应核实是否涉及以下不正当行为：①未经许可使用他人的商标、字号、商品服务文字或图形做超链接标志或设置为搜索引擎关键词，并以此吸引消费者点击或进入的；②平行进口的商品与进口国的商品存在实质性质量差异或进口商品在投放市场后发生改变或损害，误导消费者或损害商品声誉的；③未经许可，将与商标权人的商标相同或近似的文字注册为店铺名称或域名，并通过该店铺名称或域名开展相关商品交易的跨境电子商务活动，可能引起消费者误认的。

（二）跨境电商遭遇知识产权纠纷应对

1. 做好知识产权合规风险排查

（1）产品上架前，企业应熟悉目标市场知识产权保护环境与法规，做好产品生产、采购、营销环节的知识产权风险排查与预警，对出售货物的来源严格把关，评估供应商提供的货物是否对第三方造成侵权。注重交易文件的留存，包括授权书、许可函、合同、销售记录、供货发票等。做好目标市场知识产权布局。

（2）在各类电商平台注册时提供准确的物理地址。目前此类案

件的判决大多允许电子邮件送达，但值得注意的是，2019 年 6 月 4
日，美国伊利诺伊州北区联邦地区法院否定了两家美国原告 Luxottica
集团（Luxottica Group S. p. A. et al）和欧克利公司（Oakley Inc.）
的重审动议，[1] 即认定原告对被告的电子邮件式文书送达是不合理
的。法院认定，原告在没有使用合理的努力确认被告的物理地址
的前提下，使用电子邮件和网站发布的方式送达文书不符合《关
于向国外送达民事或商事司法文书和司法外文书的公约》（以下简
称《海牙送达公约》）。因此，如果卖家注册时留有物理地址，被
诉时可以提起电子送达不符合《海牙送达公约》的抗辩，并有可
能得到支持。

2. 跨境电商知识产权诉讼风险应对

（1）积极应对。

跨境电商多为中小企业，境外诉讼的高额成本是现实中多数
企业无法积极应诉的主要考量。因此，在收到侵权通知后，企业
应第一时间下架链接，停止销售被控侵权的商品，降低有可能发
生的赔偿金额。

如果企业被冻结的金额较大，已远超出被诉产品的销售利润
或法定最高赔偿额的，建议考虑积极应诉。对起诉方知识产权的
有效性进行检索分析，与自己的产品进行比对，确定相关产品是
否落入对方的知识产权保护范围。

---

[1] *LUXOTTICA GROUP. S. p. A and Oakley*, *Inc.*, *Plaintiffs*, *v. The Partnership* 391
F. Supp. 3d 816（N. D. Ⅲ. 2019）.

电商企业应诉可根据个案情况采用合理性抗辩，对于原告方滥用诉前财产保全随意扩大账户冻结范围的行为请求法院不予支持。

在法院通知的应诉期内迅速反应，积极寻求专业律师的帮助。根据产品的比对分析结果、账户被冻结金额、涉嫌侵权产品的销售和利润情况尽快确定和解或应诉方案，迫使对方尽早撤回诉讼或达成和解。

企业切勿回避应诉。有些商户因为其被法院冻结的资金不多，对冻结账户通知不主动回应或因不常关注账户的注册邮箱导致错过应诉时间，这种情况下法院通常会作出缺席判决，并且最终结果可能是法院依据原告的主张来确定损失，判定不合理的赔偿金额。然而，判决下达后账户中已冻结的资金通常会被作为赔偿金支付给原告，店铺也无法继续运营，甚至会为日后注册新店铺和开立新账户埋下隐患，因为一旦存在与之前店铺关联的信息，新的账户也会面临再次被冻结的风险。

此外，企业可以考虑集体应诉。对于遭遇"批量投诉"的企业也可以考虑通过集体应诉的方式平摊律师费用，降低维权成本。例如，据某电商媒体报道，2021 年 11 月，国内 500 多家婚纱礼服类产品店铺集体遭遇美国 DAVID 律所发起的批量知识产权诉讼，收到账户被冻结通知。其中，105 家店铺选择快速行动委托律所集体应诉。同年 12 月初，原告主动撤诉，500 多家店铺的账户陆续解冻。对于缺乏充分起诉理由的境外"批量诉讼"，中国企业可以采用抱团取暖的思路，积极应诉。

（2）寻求和解。

大部分跨境电商企业对外国法律和司法程序较为陌生，且参与诉讼需要承担高额的成本费用，因此多数案件以和解方式解决。如果企业选择寻求和解，则侵权程度、账户冻结金额以及被诉企业是否聘请专业律师参与和解等都是影响最终和解金额的重要因素。在大多数的案件中，账户冻结金额是和解谈判中的关键。当和解不能达成一致，比如和解金额过高、条件过于苛刻时，跨境电商不妨考虑委托律师应诉，以便给原告施加压力达成和解，争取将和解金额降低至合理范围。

（3）杜绝侵权行为，打造自有品牌。

很多中小企业知识产权意识淡薄，一味以"拿来主义"开拓外国市场，低成本的仿冒、侵犯他人商标或著作权的问题尤为突出，面临较高的被诉风险，甚至会遭遇海外竞争对手的"钓鱼圈套"，得不偿失。从长远看，跨境电商企业在发展过程中，应注重自有品牌的打造和维护。

二、境外展会知识产权风险合规

（一）贸易展会知识产权合规要点

1. 商标权

企业应核实参展产品、宣传材料是否侵犯他人商标权，包括：①在展会中所展示的参展产品上所附的商业标志是否侵犯他人的

商标权或其他在先权利；②展品的宣传材料上的标志、图案等是
否侵犯他人的商标权或其他在先权利；③企业所授权使用的商标
授权许可使用的期限是否届满，如果期限已届满，但参展时仍在
使用的，可能构成商标侵权；④是否未按照许可协议的要求，不
规范使用或超出地域范围使用他人授权使用的商标；⑤企业使用
除商标之外，其他经过认证类、公益类标识的，应当核实是否已
在境外被注册为商标，这类标识的使用有可能构成商标侵权。

2. 著作权

企业应核实在展会上的展台设计、宣传材料是否侵犯他人著
作权，包括：①在展会上使用的广告、音乐、视频、图片、图案、
软件、网站、商业标志等是否未经著作权人许可，在展会上以展
览、改编、复制、放映、信息网络向公众传播等方式使用作品；
②是否存在未经表演者许可，企业从展会现场直播或者公开传送
其现场表演的情况。

3. 专利权

企业在展会上的参展产品、展台二维设计或三维设计是否侵
犯专利权，包括：①参展产品的生产方法、技术、外观设计是否
落入他人发明、实用新型、外观设计专利权的保护范围；②展台
的二维设计或三维设计是否侵犯他人的外观设计专利权。尤其应
关注容易通过外部观察或仅通过说明书和产品展示图便能发现并
进行侵权判断的实用新型和外观设计相较发明专利。

4. 商业秘密

企业在展会上的宣传材料是否侵犯他人商业秘密，包括在展

会上所展示的图片、广告、文字描述等信息是否遵守与合作伙伴之间的保密协议，是否导致他人商业秘密的泄露。

（二）贸易展会中的知识产权纠纷应对

1. 参展前做好准备、识别风险

企业应对其参展产品、参展资料等进行全面清查，以识别、评估在展会上可能发生的知识产权合规风险。主要包括以下四个方面。

（1）对参展产品所在领域的专利进行检索，了解参展产品涉及的专利、专利池情况，并对专利进行风险评估。

（2）对参展产品、包装及宣传材料中使用的商业标识进行注册商标或驰名商标的检索，对商业标识进行风险评估。

（3）对展台设计、宣传手册、广告标语、产品说明书、现场演示软件、背景音乐等作品进行著作权检索和风险评估。

（4）对参展产品及材料进行集成电路布图设计、地理标志等其他知识产权的检索和风险评估。

企业应针对高风险点，提前准备好相关材料，包括但不限于检索调查报告、备案说明、知识产权标注，以及合法有效的知识产权权属证明。

涉及专利的，包括专利证书、公告文本、专利权人身份证明、专利法律状态证明、专利实施许可合同等；涉及商标的，包括商标注册证书、商标权利人身份证明、商标使用许可合同等；涉及著作权的，包括著作权权利证明、著作权人身份证明、著作权许可合同等。

能够解决潜在知识产权风险的证明材料，例如相关知识产权权利人的授权书；参展产品所涉及知识产权问题已由第三方解决的证明材料，如法院裁判文书、调解书、和解协议书以及仲裁裁决文书等；当地律所出具的不侵权分析报告、不侵权意见等；委托他人或单位处理相关事务的，应出具授权委托书。

竞争对手信息，以及竞争对手与参展产品相关的知识产权文书，例如竞争对手企业相关信息和文件；竞争对手参展产品相关知识产权已经被展会举办地相关机构无效的法律文书和法院生效裁判文书，或其他能够证明相关知识产权无效的证明材料等；展会举办地相关法律、法规、规则。

展会举办地的知识产权保护官方规范性文件，例如展会举办地与知识产权相关的法律法规、司法判例等，组展方发布的投诉相关规则和过往投诉案例，参展规范、流程、规则等。

反制他人的材料。例如侵犯参展企业知识产权的证明材料和证明对方知识产权无效的材料。对在展会举办地域外形成的证据材料，企业按照展会举办地法律制作的翻译公证文书。

2. 参展中风险应对

（1）收到警告函。

企业在展会期间收到警告函时，应聘请展会所在地律师，核实警告函的发函人是否为权利人或其代理人，并判断自身产品是否构成侵权。如果经核实，认为警告函内容不属实，则被警告人可不答复，但可以与发函方进行合理交涉，以避免不必要的诉讼；如果经核实，确定警告函中提及的侵权行为不属实，则企业可拒绝签署停止侵权的承诺书，也可以委托律师提出反警告，或向当地管辖法院提出保护函申请；如果因为不合理地发送警告函，使企业遭受损失，企业可以要求发函方赔偿相应损失；如果经核实，认为确有较大侵权可能性，应在规定期限内与发函方进行合理交涉；如果经核实，认为确有侵权行为，应按照与发函方协商后的要求停止侵权行为。

（2）遇到投诉。

企业在展会期间遭遇投诉，应了解展会的投诉规则，审阅投诉方提交的投诉文件，判断文件是否符合投诉所需文件的规定。如果不符合，企业可向展会主办方提出投诉资格的异议。如果投诉的内容属实，则按照规定将相关产品或宣传品下架。

（3）收到临时禁令。

企业在展会期间收到临时禁令，应遵守临时禁令，移除被指控侵权的展品且从网站上删除相关宣传信息，同时聘请当地律师和翻译尽快判断是否签署停止侵权的合同。此外，企业应留意相关文件，如果有后续诉讼应及时出庭并抗辩。

（4）被海关扣押。

企业在展会举办地参展遭遇执法人员根据临时禁令扣押或没收展品时，应配合执法人员的工作，获取、保存执法文件以及扣押或没收清单；同时应聘请当地律师，在专业人员的帮助下寻求解决途径，不应置之不理。企业可联系权利人尽快开启和解谈判，并可依据执法地法律向相关部门提出执法异议、申诉、诉讼等，提交证明企业没有侵权的相关证据。此外，企业还应及时提出异议，书面表明不同意销毁涉嫌侵权的产品。

（5）遭遇调查执法。

企业在展会现场遭遇检察官、执法人员的执法活动，应避免情绪过于激动或对抗执法，避免因抗拒执法有可能发生被警方临时限制人身自由的情况。被调查的参展企业可以向检察官核实举报人、被举报人、依据的权利等内容，并且解释不侵权的合理理由。企业应配合执法人员处理展区内的侵权产品、宣传材料等，并配合出示护照、缴纳刑事罚金等要求。同时应委托当地律师维护自身权利，可联系当地商会、行业协会、领事馆等组织获取必要的帮助。

3. 参展后继续解决纠纷

（1）强化海外知识产权布局工作。

企业应提高知识产权规划和布局意识，在缺乏知识产权特别是缺乏商标和专利布局的地区启动申请和布局工作。根据商业因素，对展品和资料中含有的创新成果和商业标识，及时在国内外进行知识产权注册。对于已知的缺乏相应知识产权许可的产品，可适时启动许可谈判工作。

（2）建立内部知识产权合规管理机制。

企业应建立内部知识产权合规管理机制，针对展会中遇到的知识产权问题进行内部总结和培训，对拟参展的市场销售人员进行合规风险应对培训。制定内部知识产权合规管理整改清单。对于在展会举办地获得保护的知识产权，企业在参展前向展会举办地海关进行知识产权备案。改进内部知识产权合规管理体系，强化对于合规风险的识别。对于拟参展的产品进行知识产权风险评估，根据风险评估情况，对涉嫌侵犯他人知识产权的展品和资料进行调整。发现存在知识产权侵权风险时，对于展会中发现的侵权风险产品进行规避设计。提前了解当地知识产权法律和展会知识产权保护措施、纠纷处理程序。企业可主动与权利人进行沟通谈判，取得知识产权许可，也可在参展前主动请求宣告相关知识产权无效。

（3）储备外部知识产权纠纷应对资源。

企业应积累海外知识产权资源信息，了解国家海外知识产权纠纷应对援助政策、指导专家或服务机构，重视国内外典型案例的跟踪分析，提升应对知识产权纠纷的能力。了解组展方、行业协会或知识产权维权援助机构等第三方支持组织，提前聘请当地律师等。

涉广交会参展商商标侵权及不正当竞争纠纷案

基本案情：卡拉威高尔夫公司在第 121 届中国进出口商品交易大会（以下简称"广交会"）参展期间，向广交会投诉接待站投诉张家港华夏帽业有限公司侵权，张家港华夏帽业有限公司于 2017 年 5 月 5 日向卡拉威高尔夫公司出具承诺书。2018 年卡拉威高尔夫公司于第 123 届广交会张家港华夏帽业有限公司的展位购得宣传图册一本，该被控侵权宣传册第 25 页最上方印有"3.1 CUSTOMERS（brands）_SPORTS BRANDS"，跟着第三个图标为第 7683422 号商标。该商标前后有"NEW ERA""耐克""背靠背""彪马"等多个国内外品牌的商标图案，卡拉威高尔夫公司遂诉至法院。

审理结果： 法院审理认为张家港华夏帽业有限公司出具的承诺书合法有效，双方当事人在私法自治的范畴内可以对侵权赔偿数额作出约定。该案适用张家港华夏帽业有限公司承诺再次侵权自愿赔偿 100 万元的数额作为赔偿数额。

评析： 企业可通过出具承诺书方式应对展会投诉，但承诺书具有效力，若再次侵权法院可根据承诺书确定相应赔偿。

数据来源：广州知识产权法院（2019）粤 73 民终 5977 号民事判决书。

第四节　企业海外知识产权进出口合规指引

企业在海外知识产权引进过程中，容易遇到许多合规问题，这些合规问题不仅影响海外知识产权引进后的商业利用效益，严重的话，将会导致所有前期准备工作付诸东流，甚至可能导致相关主体面临严重的法律处罚。因此，在海外知识产权引进的过程中，企业必须重视合规问题。本节将介绍海外知识产权引进过程中常见的合规风险。

一、"走出去" 企业技术进出口知识产权合规

（一）中国技术进出口管制法律法规相关规定

根据《中华人民共和国对外贸易法》《中华人民共和国技术进出口管理条例》《中国禁止进口限制进口技术目录》的相关规定，中国出于保护国家安全、维护公共道德、影响生态安全、淘汰落后技术、维护公共利益等原因，限制或禁止通过贸易、投资或者经济技术合作的方式从境外向境内引进特定知识产权。对于限制引进的知识产权，应当向商务部门提交技术进出口申请并取得许可证；对于禁止引进的知识产权，不得引进。

若未取得许可证引进限制引进的知识产权或引进禁止引进的知识产权，可能面临撤销对外贸易经营许可、没收违法所得、罚款等行政处罚，乃至追究刑事责任。

为避免类似风险，企业应当在引进知识产权前将标的知识产权与《中国禁止进口限制进口技术目录》进行比对，以确保计划引进的知识产权不属于限制引进或禁止引进类别。若无法自行确定的，应当及时聘请专业机构进行核实。若计划引进的知识产权

属于限制引进类别，应当及时通过专业机构向商务部门提交技术进出口申请，以确保合规引进。

当企业遇到与国家安全审查相关的风险，如果标的知识产权包含技术信息，例如软件著作权、专利权、集成电路设计等知识产权，则不论采取什么样的引进方式，权利方均需将其持有的技术信息通过纸质材料寄送、跨境电子传输或现场培训等方式将相关技术信息转移给引进方。但这一行为可能导致违反相关国家的出口管制法律法规。

美国从 2017 年针对中国发起的贸易战，升级到现在的高科技领域的技术战，体现为加速创新研发，引导全球资本和人才资源以争夺高科技制高点。一方面，中国希望借当前的技术变革的大趋势完成弯道超车，追赶并缩小与美国之间的技术差距；另一方面，美国希望维持其在高新领域的技术优势。在这一背景下，从中国的角度来看，引进先进知识产权有助于加快完成技术积累，厚积薄发，在高新领域缩小与美国的技术差距，因此在当前背景下，海外知识产权的引进比以往更为迫切、更有必要。而从美国的角度来看，则希望遏制中国在高新领域取得自身技术的机会，为此其通过出口管制、国家安全审查等工具遏制中国取得自身的高新技术。因此，在引进海外知识产权前，企业有必要了解目标国家对技术出口的相关限制，尤其是出口管制、国家安全审查等并不直接针对技术出口的相关法律法规。

(二) 美国知识产权出口管制相关规定

美国基于其国家安全和对外政策，对来自美国的软件、服务、信息出口给特定国家、特定主体或个人的行为实施全面管制。

以美国出口管制法律法规为例，美国商务部下属的工业与安全局 (Bureau of Industry and Security, BIS) 负责实施出口管制条例 (*Export administration regulations*)。BIS 主要负责商用以及两用物品，包括含有特定加密算法的硬件和软件的出口管制。BIS 还负责特定国防相关物品，包括用于军用飞行器以及军事用途的部件和零件的出口管制，以及用于商业目的的太空设备硬件，包括商业卫星的出口管制。目前，BIS 对芯片、通信设备、高新材料、航空航天等高精尖领域均实施了出口管制。

美国国务院下属的国防贸易管制办公室 (Directorate of Defense Trade Controls, DDTC) 负责实施国际武器贸易条例 (*International Traffic in Arms Regulations*, ITAR)。DDTC 主要负责受 ITAR 管制的技术信息的出口管制。

BIS 与 DDTC 管制的出口行为包括将技术信息通过纸质材料寄送、跨境电子传输或现场培训等方式转移给知识产权引进方。

BIS 与 DDTC 均禁止在未取得许可证的情况下，将特定种类的技术信息以任何方式出口至中国。若违反上述法律法规，不仅知识产权引进交易可能被叫停，相关主体还可能被列入美国的相关出口管制清单，面临更加长远的法律后果。

为避免类似风险，企业可以聘请专业机构，对引进的标的知识产权与受管制技术类别进行对比，甚至书面咨询相关主管部门获得许可答复，以避免交易无法正常进行，甚至受到相关处罚。如标的知识产权确实受到管制，企业可以及时通过专业机构向主管部门递交许可证申请，从而尽可能以合规的方式进行引进。

如果引进方通过收购持有标的知识产权的企业或其他法人组织的方式引进知识产权，则这一收购行为可能需要通过当地国家安全审查方可实施。

根据美国相关法律规定，若引进方购买一个直接或间接持有美国知识产权的企业，该企业涉及 27 类特定行业，并且该企业的业务涉及美国关键技术，则这一收购行为必须向美国联邦政府下属的美国海外投资委员会（Committee on Foreign Investment in the United States，CFIUS）进行申报。若 CFIUS 未通过相关收购行为，则不得进行收购。CFIUS 还可能以剥离特定关键资产为前提批准交易，这也可能影响引进方知识产权引进的目的。

为避免类似风险，企业可以聘请专业机构，合理设计交易结构，以避免交易需要进行 CFIUS 审查。如果确需进行 CFIUS 审查的，企业可以及时通过专业机构与 CFIUS 进行沟通，从而争取有利于引进方的决定。

二、海外技术交易知识产权合规

由于部分知识产权具有极强的地域性，可能导致企业在海外合法有效的知识产权引进之后存在相似的在先权利，导致花费高额成本引进的标的知识产权在境内的使用面临障碍。"走出去"企业尤其应注意在先权利风险和知识产权流氓风险。

由于部分知识产权采取纯粹的注册制度，可能存在专门的知识产权流氓在其他国家抢注他国国内有影响的商标，以牟取不正当利益。

面临上述风险时，引进方可能无法在境内使用标的知识产权，无法获得标的知识产权的权利，或需要额外支付高昂的许可费方可正常使用标的知识产权。

为避免类似风险，企业可以聘请专业机构，在进行交易前对标的知识产权进行技术、法律尽职调查，避免在交易结束后才发现上述情形。如果确实存在上述情形，企业可以通过行政、司法程序维护自身的正当利益，并且可以通过在交易文件中纳入相关权利保证条款来保护引进方的权益。

比如，明确合同履行过程中产生的一切成果的所有权及知识产权的归属；明确合同当事人利用另一方当事人提交的技术成果所完成的新的技术成果、其所有权及知识产权的归属；明确合同当事人对另一方当事人提供的技术背景资料及有关技术、数据、经营等信息的保密义务。

一是背景知识产权归属。通常来说，区别于技术转让导致的专利权属变化，医药企业技术交易中被许可的专利，即背景知识产权在交易前后都归属于许可方，被许可方取得的权利是利用和实施专利，进行研发、生产、商业化等行为，对背景知识产权的归属一般不会产生影响。如果交易过程中存在被许可方要求进行背景知识产权的权利人变更登记，则许可方需考虑该知识产权转让模式是否符合原本双方协定的技术交易架构、是否满足目前的交易对价情况。

二是前景知识产权归属和许可。在背景知识产权的基础上，许可方和被许可方各自进行研究和进一步开发而产生的前景知识产权的归属问题和后续的许可安排往往是条款约定和双方谈判的重点。前景知识产权的归属一般有以下三种情形。

第一，被许可方较为强势，有较为雄厚的研发实力和经验，且支付了相对较高的商业对价的，对于开发出可上市的药品有一定的把握和信心，则倾向于约定为被许可方所有。例如在重庆派金生物科技有限公司和杭州中美华东制药有限公司有关索马鲁肽项目的技术交易中，双方约定索马鲁肽合作项目产生的相关技术资料和研发成果，包括但不限于临床批文、专利及后续的生产批文等的相关资产和知识产权所有权均归属于中美华东。

第二，被许可方与许可方谈判实力较为均衡，则可能要求约定为双方共同共有。

第三，许可方较为强势，其拥有的背景知识产权具有强大的市场竞争力，为研发提供了重要的支持，则约定为许可方所有，同时可能继续授权给被许可方在一定范围和程度上进行使用的权利。

无论是以上哪种情形，企业都需要在技术交易条款起草过程中明确具体地进行商议和约定，以减少后续因前景知识产权权属问题而产生的纠纷。

三是知识产权被第三方侵权的处理。在技术交易协议中，许可方和被许可方通常会约定在各自发现第三方侵权行为时有及时通知对方的义务，以尽可能减少因第三方侵权对许可的知识产权的不利影响和造成的利益损失。

例如，因执行技术合同的需要，合同一方当事人提供的与该合同有关的设备、材料、工序工艺及其他知识产权，应保障对方在使用时不会发生侵犯第三方专利权、商业机密等情况。若发生侵害第三方权利的情况，提供方应负责与第三方交涉，并承担由此产生的全部法律和经济责任，并对因为侵权行为给对方造成的损失承担赔偿责任。再如，合同相对人应保证交付的工作成果不侵犯第三方的权利。若发生侵犯第三方权利的情况，合同相对人应负责与第三方交涉，并承担由此产生的全部法律和经济责任，并对因为该侵权行为给使用方造成的损失承担赔偿责任。

> 在医药企业技术交易中，交易的标的通常以药品技术为主，对于被许可方来说，需要明确拟引进的药品技术的来源。除了通过自主研发获得药品技术，医药企业还经常通过①与其他医药企业或研究机构进行合作开发；②委托专业成熟的合同研究组织（CRO）、合同研究生产组织（CDMO）进行开

发；③从境外获得药品技术的授权许可；④通过收购的方式直接或间接地获得对企业的控制来获得药品技术。拟引进药品技术的来源可能影响交易双方对于后续技术交易的专利授权范围、知识产权归属、财税条款、商业安排等的约定，因此被许可方通常会对拟引进药品技术的来源进行核查并要求许可方作出相应的披露。

在明确了拟引进的药品技术的来源之后，除了自主研发，被许可方还应当对许可方提供的相应的合作开发合同、委托开发合同、授权许可合同、采购合同等进行全面详尽的审查，确认许可方对拟引进的药品技术是否有权利处置上的限制，是否有专利申请权和专利权。

【案例一】

被许可方：杭州中美华东制药有限公司

许可方：SCOHIA PHARMA Inc（以下简称"SCOHIA"）

交易标的：SCO-094 和双靶点激动剂

SCOHIA 保证在此次产品授权中，SCOHIA 拥有相关专利以及技术的合法授权。标的产品不存在抵押、质押或其他第三人权利，不存在涉及有关资产的重大争议、诉讼或仲裁事项，亦不存在查封、冻结等司法措施。

【案例二】

被许可方：Everest Medicines（Singapore）Pte. Ltd.

许可方：Accelerate Technologies Pte. Ltd.

交易标的：EDDC - 2214

期限：除非根据授权许可协议的条款提前终止，否则授权许可协议自生效日期起生效，并将继续全面有效，直至最后一个专利期届满为止。

三、国际经济制裁背景下知识产权进出口合规

世界主要经济体均制定了经济制裁的相关规定，限制或禁止与特定主体进行交易或发生商业往来。因此，进行海外知识产权引进时，企业应当注意权利方是否存在被中国和世界其他主要经济体经济制裁的情形。

以中国为例，中国商务部于 2020 年 9 月 19 日发布了《不可靠实体清单规定》。通过《不可靠实体清单规定》，中国建立不可靠实体清单制度，以维护国家核心利益，维护多边贸易体制，推动建设开放型世界经济。根据《不可靠实体清单规定》第十条，针对不可靠实体清单中主体，中国限制或禁止其在中国境内投资。

若引进方计划接受不可靠实体清单中主体的知识产权出资，引进方应当根据《不可靠实体清单规定》第十二条，向商务部下设的工作机制办公室提出申请，经同意方可与该主体进行相应的

交易。

若引进方违反《不可靠实体清单规定》，则可能根据《中华人民共和国对外贸易法》《中华人民共和国海关法》《中华人民共和国刑法》等法律法规承担刑事责任和行政责任。刑事责任包括被判处非法经营罪或者其他罪名，行政责任包括警告、罚款、暂停或撤销外贸经营权。

美国是发起经济制裁最多的国家之一。以美国为例，美国的经济制裁相关制度同样值得重视，根据美国经济制裁相关法律法规，美国财政部下辖的外国资产控制办公室（Office of Foreign Assets Control，OFAC）负责执行美国经济制裁制度。根据相关制度，OFAC 制定特别指定国民和封锁人员名单（List of Specially Designated Nationals and Blocked Persons，也称"SDN 名单"），并且禁止与 SDN 清单中主体进行交易。

若权利方被列入 SDN 名单，或权利方 50% 以上的权益受 SDN 名单中主体控制，则引进方与权利方的交易可能涉嫌违反美国经济制裁制度，从而面临经济制裁相关风险。

为避免类似风险，企业可以聘请专业机构，对权利方进行尽职调查，确保未被主要经济体进行经济制裁，以避免交易无法正常进行，甚至受到相关处罚。如权利方确实受到制裁，可以及时通过专业机构向主管部门递交许可证申请，从而尽可能以合规的方式进行引进。

作为合规管理人员，企业针对如何运用美国 OFAC 制裁下的许可证制度进行精细化管理制裁合规风险的问题，笔者认为可参考以下三个操作步骤。

第一步：当业务要素真实命中制裁名单后，应先查看名单中的具体制裁措施、限制范围、生效时间等。若所涉交易不属于被禁止的活动，则可正常办理；若所设交易属于限制交易的类型，则需查看该制裁项下是否有适用的许可证。

第二步：重点关注许可证，通过 OFAC 官网查询有无通用许可证。查看业务是否在该通用许可证的适用许可范围内、是否失效等。若适用，则业务正常办理；若不适用，则可同时查看客户提交资料中是否含有特别许可。

第三步：重点关注特别许可证，若客户表示无特别许可证，则业务禁止办理。若客户提供了特别许可证，则应关注特别许可证的真实性，寻找官方途径核验特别许可证真伪。在真实性得到证实的情况下，银行应进一步了解各司法管辖区内对特别许可证的要求，自身申请许可证的可操作性，综合考虑业务的风险和自身经济效益下，再决定是否继续做业务。

第五节　企业人才引进环节
商业秘密风险合规指引

一、企业人才引进商业秘密风险来源

企业的商业秘密保护日常工作中，签署保密协议可能是最普遍、最常用、成本最低的做法。即便不签署单独的保密协议，在劳动雇佣、买卖、技术许可、合作开发等活动中，企业也基本会在相应的合同中加入保密条款。

保密协议中至少需要包含保密内容、责任主体、保密期限、保密义务、违约责任、争议解决等条款。此处不对各条款的基本内容作赘述，仅引用《中央企业商业秘密保护暂行规定》第十条有关"企业商业秘密的保护范围"的规定来对保密协议中的"保密内容"稍作解释，即保密协议中的保密内容可能包括但不限于以下内容："战略规划、管理方法、商业模式、改制上市、并购重组、产权交易、财务信息、投融资决策、产购销策略、资源储备、客户信息、招投标事项等经营信息；设计、程序、产品配方、制作工艺、制作方法、技术诀窍等技术信息。"建议企业结合自身业务特点以及商业秘密的内容和形态，合理设计保密协议中的保密内容条款，尽量以详尽、细致的方式进行约定，避免因保密内容指向不明而影响协议的整体效果。

二、企业人才引进商业秘密风险合规要点

（一）引进人才入职企业前的合规要点

企业应避免录用那些强调自己熟悉或能够获取竞争对手保密信息的应聘者。在面试中，提醒应聘者在回答问题时不要泄露原雇主任何保密信息，避免录用透露保密信息的应聘者。避免提出可能导致披露任何第三方保密信息的问题。记录和保存录用过程中应聘者与企业之间的沟通。企业应询问应聘者是否与原雇主签署过任何保密协议或竞业禁止协议。如果条款本身不是机密的，可查看此类协议，在决定录用之前做好背景调查和法律风险评估。

对于以下三类人员招聘，应特别注意商业秘密合规，在决定录用之前做好背景调查和法律风险评估：①高管或其他身居要职的掌握大量保密信息的部门骨干；②以团队形式招募员工或挖来整个部门；③从直接竞争对手处招来员工或团队做竞品开发。

发出录用通知的同时，提醒被录用者及时向原雇主提交书面辞职信，并在离职前将所有原雇主的财产和保密信息归还原雇主。必要时，可考虑通过证人证明归还或与原雇主确认归还。在被录用者正式从原雇主处离职之前，避免让其为企业工作。

（二）引进人才办理入职过程中的合规要点

企业办理入职过程中应书面通知所有新员工以下四点内容：

①期望他们履行对前雇主的持续保密义务；②禁止他们将从任何前雇主或其他第三方处获得的保密信息、文件或实物带入企业；③企业尊重其他企业的知识产权，包括商业秘密；④如不遵守这些要求则将面临纪律处分。

企业应提醒新员工哪些地方有可能不小心保留了前雇主的信息，如归档数据、垃圾文件夹、个人设备或账户、纸质副本等。对于高风险的新员工，可考虑采取进一步措施确保其不会带入第三方保密信息。例如，在新员工可以访问企业的电子邮件系统、服务器、内网或云存储账户之前，考虑聘请企业外部法律顾问对新员工进行访谈，盘点所有可能存有原雇主保密信息的设备或账户，妥善处置或归还可能构成商业秘密的信息，并聘请取证专家对相关证据进行固定。

（三）引进人才履职期间的合规要点

企业在员工履职期间应为员工提供滚动式的全面教育和培训，强调尊重第三方知识产权（包括商业秘密）的重要性以及个人和企业不合规时所面临的风险。建立匿名举报渠道，以举报任何违反商业秘密合规管理要求的行为，确保举报人不被报复。接到举报后，企业应酌情开启调查，评估是否有违反要求的行为，如果有，则应当采取补救措施。企业应严格实施商业秘密合规管理，对违规行为进行问责处罚。要求研发人员全面准确地记录工作过程和成果，例如通过工作笔记本、版本控制系统中的详细说明、代码中的注释等，以便在必要时可以证明企业的独立研发。

（四）引进人才离职以后的合规要点

企业人力资源部门以书面形式提醒离职员工负有持续的保密义务，并要求其签署确认书，表示收到提醒并同意遵守持续的保密义务。

在离职前，收集离职员工保管的所有企业财产和保密信息，包括员工个人设备上存储的任何与企业或工作相关的信息。在离职后，切断员工对企业系统和数据库的访问权限，包括修改登录密码等。在适用时，可考虑将审查离职员工访问日志纳入辞职流程的一部分，或至少在发现某些可疑或异常行为后，立即审查访问日志。

建立企业离职员工文档保存制度，在离职后的一段时间内保存离职人员的工作邮件、文档、访问记录等。考虑询问离职员工下一份工作的性质和领域。指示员工在回答此问题时不要泄露其下一个雇主的任何保密信息。考虑通知新雇主离职员工的持续义务。考虑对某些员工离职后的情况进行追踪和关注，分析评估离职员工的新雇主的竞品。

第五章　海外知识产权合规管理案例

第一节　企业海外商标合规典型案例

主营业务为家用电器的国内某企业，计划开拓手机配件的海外市场，但是该企业仅在《类似商标和服务区分表》第 9 类的部分相关商品上，在中国注册了相应的中文商标和英文商标，在国外并未进行任何商标申请注册布局。

该企业找到某律师事务所，希望能够为其手机配件产品开拓海外市场的商业计划，提供海外商标使用合规的风险分析建议。但是，因为该海外市场开拓计划仍然在初期阶段，该企业为海外商标合规法律分析建议的预算比较有限。因此，该企业的法务负责人希望在有限的预算内，尽量满足以下条件，即在最多的市场范围内，在最大程度内，做出最全面的商标合规的风险识别、评估以及预防。

该律师事务所与该企业法务负责人、海外业务负责人进行多次沟通，确认其目标海外市场主要包括欧洲、北美、南美、东南亚以及中东市场，其中包含了非常多的国家和地区。如果针对这些具体国家，分别进行商标合规风险分析，费用将非常高昂，会远远超出该企业的预算。

在综合考虑和分析该企业的当前情况、预算及阶段性目标之后，该律师事务所建议该企业的整体商标合规风险分析，可以与其海外商标布局注册结合起来。即通过先结合在各海外目标国家的对应英文商标申请注册的方式，进行海外目标市场的商标合规的初步排查，同时针对重点国家进行商标合规风险分析。

该方案通过以进行海外商标申请注册代替海外商标合规风险分析的方式，不仅可以在相当程度上完成该企业对于海外目标市场的商标合规风险分析的目标，而且可以使该企业的英文商标在各海外目标国家获得注册。该方案可以节约该企业在各海外目标国家分别进行商标风险合规识别与分析，以及商标侵权风险分析的相当部分的法律服务费用。

虽然该方案完成后，在该企业的海外商标获得注册的国家，仍然有其他竞争对手已经注册在先近似商标，从而针对该企业的商标提出商标侵权指控的风险，但考虑到在相当多的海外目标市场，在当地成功获得商标注册后，只要进行正常、合法的使用，可以在相当大的程度上减少被诉商标侵权的风险。

另外，在该企业的商标不能获得注册的国家时，则需要针对不能获得注册的原因进行专门分析，同时进行适度的商标合规分析，识别并评估在这些海外的目标国家，在客户的相应产品上进行商标使用，可能存在的法律风险。

在该方案的具体操作上，考虑到不同国家的商标注册有不同的注册方式与系统，涉及不同的注册程序、时间与费用，该律师事务所在与该企业进行充分讨论后，确定了进行海外商标申请的具体国家；在海外商标注册的具体方式上，确定采取马德里国际商标注册与单一国家商标注册结合的混合注册方式。这主要是考虑到有些海外目标国家并未加入马德里协定，并且该企业对于不同的海外目标国家的商标合规报告的时效性要求也有所不同。

在确定了具体方案的内容后，该企业对该方案的费用进行了初步估算，虽然该方案的预估费用超出了该企业先前确定的预算，但考虑到该方案同时包含了海外商标申请注册的费用，且该方案超出之前预算内包括的预期目标，因此很快同意了增加预算。

在该企业批准该方案之后，该律师事务所立刻在内部选调商标代理人和律师，组成该企业专项小组，由项目负责人统筹整体方案的实施，同时根据国别，指派不同的小组成员负责各自的海外目标国家的商标合规任务。

具体而言，负责马德里国际商标注册的小组成员，准备好所有所需的马德里国际商标申请材料，以该企业现有的英文商标为基础注册商标，同时补充申请了部分英文商标，作为基础申请商标，正式将马德里国际商标注册申请提交国家知识产权局，开始进行马德里国际商标申请程序。这是因为马德里国际商标申请必须以国内的商标申请或注册商标作为基础申请或基础注册商标作为前提。

　　同时，负责单一国家商标申请的小组成员，也在与该企业确认之后，与在该指定国家的长期合作代理机构或律师事务所合作，正式开始海外单一国家商标申请程序。

　　在海外商标申请程序启动之后，陆续收到商标申请结果，在出现实质性驳回（即当地商标局因商标申请的非程序性原因将该商标申请驳回）的情况下，专项小组首先与当地合作代理机构或律师事务所的专业人员总结驳回原因，进行初步分析，评估提出驳回复审的胜诉可能性大小，撰写并向该企业提交该国商标合规使用初步评估报告，提出下一步法律行动建议，以消除或规避商标合规风险因素，包括提交商标驳回复审申请，或申请其他商标等。

　　针对该企业确定的个别重点海外目标国家，与当地商标代理机构或律师事务所合作，撰写商标使用合规风险评估报告，主要内容为该国商标法律制度综述，该国商标使用法律风险分析，以及针对该企业商标风险防控的建议。

　　考虑对于不同的海外目标国家，该企业对商标合规报告出具的时间时效性要求不同，在与该企业沟通后，按照时效的紧急性，该律师事务所先后出具了各个海外目标国家的商标合规报告，并在全部商标合规报告完成后，将各国的商标合规报告进行总结分类，向该企业出具了商标合规报告总体报告，划分了不同的商标使用法律风险类型和级别，并对各个海外目标国家进行分类，供该企业进行综合决策。

第二节　企业知识产权合规管理案例

企业可以通过系统性地构建和使用知识产权为其所开展的创新项目提供支持，助力企业实现其商业目标。而要系统性地构建和使用知识产权，则需要一套适合企业实际情况和需求的知识产权合规体系。

许多其他法律领域的合规，主要是为了满足法律法规的要求，以避免因违法而导致的处罚或限制。与此不同，知识产权合规，除了预防和规避法律风险，往往还具有更积极的目标，以起到创造新商机和保护企业竞争优势的作用。企业可以通过适当的知识产权合规体系系统地管理其与知识产权机会和风险相关的活动。

鉴于保密责任的限制，笔者无法从操作层面介绍企业的具体做法，因而仅以一家企业的知识产权合规体系为例，从理论层面介绍其知识产权合规制度、制度背后的逻辑，以及合规制度与企业商业目标之间相辅相成的关系。

一、知识产权合规制度作为资产积累和创造商业机会的手段

（一）设置知识产权发现和报告制度

知识产权是智力活动的产物。根据现行的法律制度，知识产

权的确权往往具有一定的时效性要求，因此企业需要尽早发现其所创造的知识产权，并及时采取确权手段。而知识产权的发现、报告和确权，从实际执行层面看，则需要知识产权的创造者和相关管理人员的全面配合。

对于科技企业而言，知识产权主要来源是企业的研发活动，但实践中，知识产权的创造者往往不局限于从事研发工作的员工。例如：①生产线工人可以在生产活动中发现对于现有生产工艺的有益改进；②销售人员可以更直接地了解用户的需求，并将相关需求转化成对于产品技术性能的要求，甚至提出解决方案或给研发和生产人员对应的建议；③售后服务人员可以更全面地掌握产品在实际使用中出现的各种故障，并自行或与研发和生产人员一起寻找排除故障的方法，以及改进产品以避免或减少相关故障的方案；④市场人员可以了解消费者对于产品品牌的认知倾向，并为企业的商标品牌战略提供具有建设性的建议或反馈意见。因此，企业需要对全体员工普及知识产权保护的意识，并建立完善的知识产权发现和报告的流程，以避免知识产权的流失和确权时机的错失。

根据知识产权类型的不同，上述发现和报告的流程需有适当差异。

以发明为例，企业一方面需要伴随研发项目管理全流程的发明发现和报告程序，以便在研发过程中及时发现、识别、确定具有商业和实用价值的发明，并针对性地采取保护措施；另一方面，企业需要随时发明上报和审核的机制，通过合理的奖惩制度，鼓励和引导员工及时上报企业经营活动中各个环节所产生的发明创造，以便决策人员可以对其进行评估并采取适当的措施进行保护。

（二）妥善设计知识产权保护策略

企业需要建立针对不同类型知识产权的保护机制，并配备具备专业知识的知识产权管理人员来完成知识产权的保护工作。发现具有商业和实用价值的知识产权之后，企业知识产权管理人员需要针对相关知识产权的类型和性质制订相应的保护方案。

例如，在发现产品的生产工艺做过有益的改进之后，需要评估该改进工艺自身的保密性，以确定采取何种保护方式最为恰当。如果改进工艺自身的保密性不佳，例如在相关产品销售之后，容易从产品的具体特性反向推导出该改进工艺，那么该改进工艺可能适合采用以公开换取专利权的方式进行保护。反之，如果消费者或竞争对手无法从产品的具体特性反推出改进工艺，那么企业则需要对该改进工艺采取严格的保密措施，以技术秘密的方式对该改进工艺进行保护。

对于产品结构、形状及外观的新设计或者改进，则可以根据其功能性、创造性考虑采取发明专利、实用新型或者外观设计的方式进行保护。对于计算机软件的新设计或者改进，需要根据设计或者改进的具体应用和技术效果评价是否可以获取发明专利保护，如果不适合采用发明专利保护，则可能需要诉诸软件著作权的方式进行保护。如果需要采取软件著作权的方式进行保护，还需要了解相关国家的具体保护制度，特别是对于登记和/或创作记录保存的要求。

而新品牌的开发以及旧品牌在不同国家和地区的推广，则需要有适当且及时的商标保护措施进行配合，以避免商标在相关国家被抢注的风险。

各种类型的知识产权保护机制，对于专利保护工作的实效性要求不同，这就要求知识产权管理人员针对相关知识产权成果妥善制订具体的知识产权保护工作计划。例如，对于发明专利保护，大部分国家的法律制度采用绝对新颖性的要求，因此发明专利申请的工作需要确保在企业对外公开相关技术信息之前进行，以便能够确立有效而且可以作为后续专利申请优先权日的第一申请日。对于外观设计的保护，部分国家和地区适用宽限期的制度，企业可以充分利用宽限期的制度，及时在相关目标市场试水适用新外观设计的产品，了解市场对于产品新设计的接受度之后，再决定是否进行外观设计注册，抑或采用诸如非注册外观设计等其他保护方式。例如欧盟，允许申请人在其欧盟注册外观设计申请日或优先权日之前 12 个月内公开其外观设计，但不影响其注册外观设计的新颖性，这就给了企业 12—18 个月（如已在中国提出首次申请）的时间，测试其产品新设计在欧盟市场的接受度。而商标保护制度与发明、外观设计保护制度不同，多数国家对于商标注册没有严格的新颖性要求，而是要求申请注册的商标与他人的在先权利不存在冲突。因此商标注册的工作一般需要与品牌推广的工作相配合，需预留适当的提前量，以避免或降低商标被抢注的风险，但一般不宜提前太多，以免不符合商标注册国家对于注册商标使用的要求。

（三）保密制度

企业要有针对知识产权的严格的保密措施。一方面对于特定类型的知识产权，例如技术秘密，保密是其权利成立和保护的必要条件；另一方面，诸如发明、外观设计等知识产权，其确权条件往往以相关信息尚未公开为前提条件。企业需要制度协调产品宣传、销售、论文发表等不同渠道的信息公开与专利申请的进度，确保相关发明、外观设计在注册申请之前，不被公众所知，如有必要向第三方出示相关信息，需要确保信息接收方受到必要的保密责任的约束。另外，企业与员工之间也需要签署保密协议，并给员工提供必要的保密方面的培训。

（四）合理合法设计发明人奖酬体系

合理的发明人奖酬体系对于鼓励员工创新并积极寻求知识产权工作人员的协助以获取知识产权保护非常重要。另外，很多国家，包括中国，对于发明人奖酬制度有相关的法律要求，企业需要确保其所实行的奖酬制度符合相关法律规定。

二、知识产权合规制度作为风险识别及防范的保障

在产品规划阶段及早发现对于他人知识产权的必要的使用或可能的使用，可以让企业提前从容地就所述使用寻求许可，而不必等到产品或服务上市前或者已经发生侵权时再寻求许可而被漫天要价。另外，企业也可以尽早权衡侵权或获取许可的成本，进而在计算项目总成本时将知识产权成本包含在内，并在判断项目没有利润或者利润过低的情况下，或者因为不愿意与攻击性较强的权利人交涉，及早决定是否需要放弃或者变更项目方案。企业可以通过如下安排，尽早发现侵权风险并采取适当的应对措施。

（一）利用知识产权侵权排查手段发现和评估侵权风险

企业可以通过查询公共或商用的知识产权数据库，及时发现可能给企业带来侵权风险的第三方知识产权。由于知识产权的产生和使用可能发生在企业商业经营的各个环节，相应地，侵权风险的发现和评估需要在研发、生产、销售等各个环节执行。

以新产品的研发推广为例，企业需要在如下六个环节进行侵权排查或做相关准备工作。

（1）在预研及研发立项阶段调查了解市场上同类产品或服务提供者的情况，以及其知识产权持有情况，以便了解主要竞争对

手的知识产权布局。

（2）在概念设计阶段了解相关技术标准，包括国际、国家及行业标准，以及标准相关专利持有情况，以便掌握无法绕过而必须获取许可的专利以及专利持有者的情况。

（3）在产品设计阶段检索围绕相关技术点的专利布局情况，并针对设计方案和生产方案进行专利侵权风险评估，包括对于相关专利稳定性的评估，以便确定可能对产品设计方案中所使用技术点构成侵权风险的具体专利，并对侵权风险的大小以及企业是否合法抗辩或者采用反制手段进行评判。

（4）发现侵权风险时，企业要进行知识产权使用成本评估，如有必要，进行侵权风险规避设计。

（5）针对规避设计进行侵权风险和知识产权使用成本评估，有必要的话，循环第（3）—（5）步操作，直到确认无侵权风险或者知识产权使用成本不对预期利润产生过大或不可预知的影响为止。

（6）产品推出至市场之前，企业针对主要目标市场，请具有相关资质的机构出具侵权分析或自由使用权分析报告，一方面确认侵权风险的程度，另一方面在后期发生意外的侵权纠纷时，可以将相关报告作为非恶意侵权的证明。

（二）通过合作协议实现侵权责任的分担或转移

一件复杂产品的生产，往往需要使用诸多供应商提供的部件。

作为最终产品的生产者，企业可能很难甚至完全无法对其产品中所用到的所有技术进行侵权风险评估。而在司法实践中，基于取证难度的考量，权利人往往倾向于针对最终产品的生产者或销售商采取知识产权维权措施。因此，通过与供应商签署协议约定知识产权侵权责任承担或分担方式，对于最终产品的生产者可能就显得格外重要。

（三）以合理条件获取必要的知识产权使用许可

在面临无法规避侵权风险的知识产权，或者为规避侵权风险所需承担的附加成本过高时，企业需要针对相关知识产权的使用获取必要的许可做积极的准备。具体包括：①统计记录相关知识产权在产品中的使用情况和程度；②了解权利人的权利持有状况和权利状态；③调查权利人与其他使用者之间的许可状况；④许可条件以及行业内同类型知识产权许可的状况和条件等。积极的准备可以降低企业在知识产权许可谈判中面临的不确定性，一定程度上减小被动参与的许可谈判对于企业经营的负面影响。

（四）针对侵权和诉讼风险购买适当的保险

实践中，即便企业采取了积极的风险排查和规避措施，并且通过协议转移了部分侵权责任，也无法完全避免被动卷入侵权纠纷甚至诉讼的可能性。因此，企业可以通过针对侵权和诉讼风险购买适当保险的方式，降低企业实际可能需要承担的侵权责任，抵消侵权纠纷对投资者信心的负面影响。

相对许多其他法律领域的合规而言，知识产权合规是一个比较新的课题。企业一方面可以从现有的其他法律领域的合规制度中学习借鉴有益的做法，并将这些做法与知识产权管理工作进行有机结合；另一方面可以针对知识产权合规的特点，灵活拟定新的制度和措施，以便能够从风险防控和保护企业竞争优势两个方面做到对企业商业利益的切实保障。

附　录

附录1 欧洲知识产权合规制度评析

欧盟及欧洲大部分国家和地区均没有正式的知识产权合规相关的法案或官方指导。一般意义上的知识产权合规，主要是市场主体（如企业）对其自身知识产权能否妥善保护及对其他市场主体所拥有的知识产权能否合理对待。从操作层面看，主要指市场主体是否有完善的制度及操作方法，使其一方面可以识别具有商业价值的自身智力劳动成果，并利用现有法律制度获取适当的保护；另一方面可以及时发现可能给其市场行为带来风险的他人知识产权并采取适当的风险规避措施。

知识产权类型多样化，通常来讲，知识产权包括专利权、商标权、外观设计权、著作权、商业秘密等。在欧洲，对于各种类型的知识产权的保护，理论上可以选择性地通过相关的国家法律制度或者多边法律制度获取。但一方面由于欧洲国家数量众多且各个国家的法律制度差异较大，另一方面经过欧洲各国多年的努力，已逐渐构建起比较完善的欧盟法律框架（包括欧盟法律），可以通过多边法律框架在主要欧洲经济体对大多数类型的知识产权进行保护，对于中国企业而言，研究欧洲及部分国家的法律框架即可基本实现对其知识产权进行妥善保护的目的。此处重点介绍相关知识产权的欧洲法律框架，供读者在设计企业知识产权合规制度时参考。

一、专利

（一）法律框架

欧洲的专利保护主要通过《欧洲专利公约》（EPC）实现。EPC 是独立于欧盟法律框架的多边条约，由 16 个发起国于 1973 年 10 月 5 日订立，于 1977 年起生效，现今缔约国数量已扩展至 38 个，另有 2 个延伸国和 4 个生效国。现行的 EPC 是 2020 年 11 月发布的第 17 版。

依据 EPC，缔约国设立了欧洲专利局（EPO）并确立了授权欧洲专利的法律制度和司法程序。在此公约下授权的欧洲专利，经过适当的生效程序，可以转化成在选定生效国的国家专利，保护期限为自申请日起 20 年。而在每一个选定生效的国家，欧洲专利与该国国内专利主管部门授权的国内专利具有相同的效力，根据国内法获得保护。

为了进一步统一专利保护制度，欧盟制定并通过了建立统一专利体系的第 1257/2012 号、第 1260/2012 号欧盟法规，所述法规于 2013 年 1 月 20 日生效，并将于《统一专利法院协议》生效日起开始实施。统一专利体系开始实施后，专利权人可以以欧洲专利局授权的欧洲专利为基础，要求获得统一专利效力。被要求统一专利效力的欧洲专利，将在统一专利体系参与国获得统一专利保护，而不需经过当前制度下的生效程序。当然，在非欧盟国家和未参与统一专利体系的欧盟国家，权利人仍然需要通过现有的生效程序获取专利保护。

EPC 成员国、欧盟成员国与统一专利体系参与国之间的关系，可以由附图 1 - 1 清楚地展示出来。

其中，最外环的国家属于 EPC 成员国，但不属于欧盟成员国，包括英国、挪威、土耳其和瑞士等。从外向内第二环的国家，属于 EPC 成员国和欧盟成员国（注：所有欧盟成员国都是 EPC 成员国），但尚未签署《统一专利法院协议》或已明确表示不会加入统一专利体系，包括西班牙、意大利和罗马尼亚。从外向内第三环的国家，有意向加入统一专利体系，但尚未交存批准书。最内环的国家，既是 EPC 成员国，又是欧盟成员国，且已经同意加入统一专利体系。

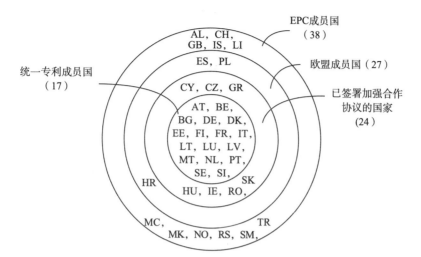

附图 1 - 1　EPC 成员国、欧盟成员国与统一专利成员国的关系

注：括号内数字表示国家数量。

（二）欧洲专利授权条件

任何自然人、法人或根据相关国家法律具备等同法人资格的组织❶，可以就任何技术领域的任何发明请求被授予欧洲专利权，但下述 6 项例外客体不构成 EPC 意义下的发明：

（a）发现、科学理论及数学方法；

（b）美学创作；

（c）用于执行意识行为、游戏、商业行为的体系、规则和方法，以及计算机程序；

（d）信息的演示❷；

---

❶　EPC 第 58 条。

❷　EPC 第 52 条。

（e）新动植物品种和生产动植物的实质生物学方法（不包括微生物学方法及其产物）；

（f）人或动物的手术或治疗方法及应用于人体或动物体的诊断方法❶。

如果一项创新包含了上述例外客体，但是同时又包含了具备专利法保护资质的发明，即该创新不仅仅由上述例外客体本身所构成，那么该创新仍然具备专利保护的潜在可能性。

为获取欧洲专利保护，发明需要另外满足下列 4 项条件：

（a）具有新颖性，即不属于申请日（包括优先权日）前以任何形式为公众所知的现有技术❷，但在申请日（包括优先权日）前 6 个月内由于明显滥用与申请人的关系或者为了在特定国际展览会上展览而公开的，不影响新颖性；

（b）具有创造性，即对相关技术领域的普通技术人员来说不是显而易见的❸；

（c）能够工业化生产或使用，此处的工业为广义的工业，包括农业生产❹；

（d）发明的实施不得违反公共秩序或公共道德❺，比如克隆人体或将人类胚胎用于商业目的等。

欧洲专利体系是一种依申请授权的体系，而申请欧洲专利的方式主要有两种：①通过提交 PCT 专利申请，以欧洲专利局为指定局完成欧洲专利的审查和授权；②通过直接向欧洲专利局申请获得欧洲专利。

如前所述，在获取授权的欧洲专利之后，权利人仍需在选定国家完成生

---

❶ EPC 第 53 条。
❷ EPC 第 54 条。
❸ EPC 第 56 条。
❹ EPC 第 57 条。
❺ EPC 第 53 条。

效程序，以最终获取可实施的国家专利，或者要求统一专利效力，以在统一专利体系参与国范围内获取统一专利。

除相关发明需要满足前述条件之外，一件欧洲专利申请需要满足下列 4 项内在条件，才能获得授权：

（a）包含必要组成部分，即授予专利权的请求、发明的说明书、一项或多项权利要求、说明书或权利要求中提及的附图、摘要❶；

（b）仅能涉及一个发明或者属于同一发明构思的一组发明❷，不过对于不属于同一发明构思的发明，可以通过提出分案申请请求保护；

（c）需要对发明进行充分披露，使相关技术领域的技术人员能够实施该发明❸；

（d）权利要求需要简明地定义请求保护的发明，并且能够被说明书所支持❹。

（三）欧洲专利申请及欧洲专利作为产权标的的处置

欧洲专利申请及授权欧洲专利均可以作为产权标的被申请人或专利权人进行处置，包括转让、许可等。除 EPC 另有特殊规定外，所述处置在相关指定国的效力，由该国相关法律管辖。

但基于欧洲专利申请的多边性质，对其所进行处置的地域范围可以由申请人进行选择。特别地，一件欧洲专利申请的转让可以针对全部指定国家或仅针对部分指定国家执行并登记❺，而一件欧洲专利申请的许可，除了授权地

---

❶ EPC 第 78 条。
❷ EPC 第 82 条。
❸ EPC 第 83 条。
❹ EPC 第 84 条。
❺ EPC 第 71 条。

域可选，其权利基础也可以进行拆分❶。欧洲专利申请的转让或许可，由欧洲专利局按申请人的请求进行登记，登记后才具有对抗第三人的效力。

因为欧洲专利授权后需要通过在选定国完成生效程序而转化成国家专利，生效后的专利作为产权标的的处置，需要依照相关国家法律进行。统一专利体系实施之后，要求统一专利效力的欧洲专利，在全部统一专利体系参与国范围内，仅能统一进行转让，但可以在全部或部分国家进行许可。

（四）欧洲专利保护

欧洲专利授权后，在选定生效的国家，权利人可以获取与由国家专利主管机关授权的国家专利同等的保护。如果专利保护的是产品的制造方法，则专利保护范围可以延伸到由该方法直接获得的产品。具体侵权判定的方法和救济途径由国家法律确定❷。关于侵权行为的性质，主要欧洲国家的法律规定，不过大同小异，基本上包括未经许可生产、销售、许诺销售、进口、存储及以其他方式处置侵权产品。

除非相关国家法律有不同规定，欧洲专利申请公开后，权利人可以在各指定国家获得对相关发明的临时保护。官方语言不同于专利申请程序所用语言的国家，可以规定临时保护在该国生效的条件为，专利申请的权利要求被翻译成该国的官方语言，且按该国法律公开或传递给使用该发明的人（被控侵权人）。如果专利被撤回、视为撤回或最终驳回，或者针对相关国家被撤回或视为撤回，则前述临时保护效力将被视为自始无效。

虽然侵权判定和法律救济的适用需要由国家法律确定，但授权欧洲专利和欧洲专利申请的保护范围需以 EPC 第 69 条为依据确定，即欧洲专利或欧洲

---

❶ EPC 第 73 条。
❷ EPC 第 64 条。

专利申请的保护范围应当由权利要求确定，但说明书和附图应当用来解释权利要求；授权前的临时保护范围应当由公开的权利要求确定，但授权专利或在异议、限制或撤销程序中修改的专利，可以以溯及既往的方式确定临时保护的范围，除非上述授权或修改的专利扩大了原始公开的权利要求的保护范围。

有鉴于 EPC 对发明的专利保护和临时保护的规定，企业在将其产品推广至欧洲市场前，或者，如果产品在欧洲生产，在生产前，甚至在研发初期或者研发立项之前，就需要进行专利侵权风险排查，尽早发现相关侵权风险，以降低或避免后期需要调整产品设计或生产方案，甚至需要召回、销毁侵权产品并赔偿权利人损失的高额成本。在风险排查过程中，企业一方面需要检索评估授权欧洲专利和相关国家专利带来的侵权风险，另一方面，需要评估审查中的专利申请与产品技术方案的相关性，对相关专利的进展进行监控，及时了解侵权风险的变化，并能够适时针对相关专利申请或授权专利采取必要的应对措施。

由于欧洲专利保护力度相对较强，企业应当尽量避免不经侵权风险排查和规避设计便盲目将产品推入欧洲市场的做法，这样往往会导致企业最终需承担较重的侵权责任。企业应当避免在产品进入欧洲市场前临时进行侵权风险排查的情况，而应当把侵权风险排查的工作尽量提前。实践中，比较好的方法是在产品研发的过程中提前或者同步进行风险排查，及时了解侵权风险点，并对研发方向进行适当的调整。

二、商标

（一）法律框架

欧盟商标相关法律自 1988 年同化各成员国商标法规的第一次欧盟理事会

指令以来，经过了多次演进，目前的管辖法律是由欧盟议会、欧盟理事会于2017年6月14日通过并于同年10月1日开始实施的第2017/1001号关于欧盟商标的条例［*Regulation（EU）2017/1001 of the European Parliament and the Counuil of 14 Jane 2017 on the European Union trade mark*，以下简称"欧盟商标条例"］。

欧盟商标的审查及注册的工作由欧盟知识产权局（EUIPO）依照欧盟商标条例执行，在该条例下注册的欧盟商标，具有一体化特性，在整个欧盟内具有统一效力。欧盟商标完成注册后，商标所有者需要每10年请求一次商标续展，并缴纳续展费，在续展费按期缴纳的前提下，欧盟商标没有保护期限的限制。

（二）欧盟商标的注册条件

任何自然人、法人均可申请注册欧盟商标并成为欧盟商标的所有者。❶

欧盟商标可以由任何标识，特别是文字，其中包括人名、图案、字母、数字、颜色、商品形状或其包装，或声音组成，只要这些标志能够满足下述条件：

（a）将一个主体的商品或服务同其他主体的商品或服务区分开来；

（b）可以在欧盟商标登记簿上呈现，以使相关主管机关和公众可以清楚、准确地确定被保护的客体。❷

欧盟商标条例以消极规定的方式，确定了驳回商标申请的绝对理由和相对理由。针对一件欧盟商标申请，如果所述绝对理由和相对理由均不成立，则该申请的标识可以获得注册。

---

❶ 欧盟商标条例第5条。
❷ 欧盟商标条例第4条。

EUIPO 在受理欧盟商标申请之后，会对驳回商标申请的绝对理由成立与否进行审查。驳回商标申请的绝对理由是针对商标申请所对应的商标本身的特性所规定的，具体所指的是相关商标在欧盟或部分欧盟国家为以下情况之一。❶

1. 有以下情况的商标不予注册：

（a）不符合第 4 条要求的标识；

（b）缺乏显著性的商标；

（c）仅由在商业活动中用于标明商品的种类、质量、数量、用途、价值、原产地、生产商品或提供服务的时间的符号或标志组成的商标，或标明商品或服务的其他特征的符号标志组成的商标；

（d）仅由在习惯用语或善意和公认的商务实践中成为惯例的符号或标志组成的商标；

（e）仅由以下形状组成的标志：

（i）由商品本身的特性决定的形状或其他特征；或

（ii）获得一定技术效果所必需的形状或其他特征；或

（iii）给商品带来实体价值的形状或其他特征；

（f）违反公共秩序和善良风俗的商标；

（g）带有欺骗性质的，例如有关商品或服务的性质、质量或地理来源的商标；

（h）未经主管机关认可应按照《巴黎公约》第六条之三被拒绝注册的商标；

（i）虽非《巴黎公约》第六条之三所指的，但具有特殊公众利益的徽章、徽记或者纹章图案的商标，但有关当局同意其注册的除外；

---

❶ 欧盟商标条例第 7 条。

（j）根据欧盟法规、国家法律或者欧盟或相关成员国签署的国际条约规定，授予原产地或地理标志保护而不予注册的商标；

（k）根据欧盟法规或者欧盟或相关成员国签署的国际条约规定，授予传统葡萄酒名称保护而不予注册的商标；

（l）根据欧盟法规或者欧盟或相关成员国签署的国际条约规定，授予传统作物保护而不予注册的商标；

2. 由或主要由已有植物品种名称构成的商标，而根据欧盟法规、国家法律或者欧盟或相关成员国签署的国际条约规定，授予植物新品种保护，该商标相关于同种或紧密关联的植物品种的。

3. 如果相关商标通过使用，已在有关商品或服务上获得了显著性，则上述（b）、（c）及（d）项所列驳回商标申请的绝对理由不应适用。

如果商标申请符合形式要求，而且驳回商标申请的绝对理由均不成立，EUIPO 会将商标申请进行公开。公开之后 3 个月内，利益相关的第三人可以基于驳回商标申请的相对理由对商标申请提出异议❶，所述相对理由包括：

（a）申请注册的商标与在先商标相同，且申请注册的商标使用的商品或服务与在先商标所保护的商品或服务相同的；

（b）由于申请注册的商标与在先商标相同或近似以及申请注册的商标所使用的商品或服务与在先商标所保护的商品或服务相同或相似而容易对在先商标受到保护的欧盟区域内的公众中引起混淆的；这种容易引起混淆包括容易与在先商标相联系❷。

前述在先商标包括申请日早于涉案欧盟商标申请的申请日或优先权日，且完成注册的欧盟商标、在欧盟成员国注册的商标、在欧盟或部分欧盟成员

---

❶ 欧盟商标条例第 46 条。
❷ 欧盟商标条例第 8 条。

国有效的国际注册的商标，及在涉案欧盟商标申请的申请日或优先权日，在《巴黎公约》第六条之二意义上在欧盟成员国已驰名的商标。前述在先商标还包括成员国的非注册商标及原产地标识和地理标志。相应地，所述利益相关的第三人包括前述在先商标的所有人和被许可人。

另外，商标所有人的代理人或代表人，未经该所有人的同意而以自己的名义申请欧盟商标注册的，除非该代理人或代表人证明其行为是正当的，如商标所有人提起异议，该商标应当不予注册。

（三）欧盟商标的使用及其作为产权标的的处置

虽然欧盟商标注册不以使用为前提条件，但商标注册后，商标所有者应当积极使用其商标。如果商标所有者在商标注册后 5 年内，未将欧盟商标在欧盟内真正使用于注册的商品或服务上的，或者使用连续中断 5 年的，除非所述不使用或中断使用有正当理由，其注册商标权可能被撤销或者其权利的行使可能会受到限制。❶ 原则上，商标所有者所使用的商标应当与注册商标一致，但下列变通的使用，也满足欧盟商标条例关于注册商标使用的要求：

（a）实际使用的商标与注册商标不同，但未改变注册商标显著特征的；

（b）在欧盟区域内将注册商标贴附在商品或其包装上，但相关商品仅为出口用。

另外，由商标所有者授权的第三方对注册商标进行使用，也应视为所有者的使用。

欧盟商标具有一体化特性，在整个欧盟内具有统一效力。其可以独立于所有者的其他财产，就其注册保护的部分或全部商品或服务进行转让，也可

---

❶ 欧盟商标条例第 18 条。

以随同所有者的其他资产进行整体转让。❶ 欧盟商标的所有者可以就其注册保护的部分或全部商品或服务许可他人在欧盟或者部分成员国范围内使用其注册商标。欧盟商标的转让及许可，由 EUIPO 按所有者的请求进行登记，登记后才具有对抗第三人的效力。

（四）欧盟商标保护

欧盟商标可以赋予商标所有者排他的权利，使其可以阻止第三人不经许可在商业活动中使用任何商标，如果：

（a）所述商标与注册商标相同，而其所用的商品或服务与注册商标保护的商品或服务相同；

（b）所述商标与注册商标相同或近似，而其所用商品或服务与注册商标保护的商品或服务相同或近似，且所述使用可能引起相关公众的混淆；这种混淆包括将所述商标与注册商标相联系；

（c）所述商标与注册商标相同或近似，而注册商标在欧盟范围内享有一定的知名度，且对其不合理的使用使第三人不正当地利用或损害了注册商标的独特性或知名度，不论其所用的商品或服务与注册商标保护的商品或服务是否相同或近似。❷

具体的普通侵权行为包括以下类型的使用：

（a）将所述商标贴于所述商品或其包装上；

（b）在所述商标下销售、许诺销售上述商品，为前述目的存储所述商品，或提供服务；

（c）进口或出口带所述商标的商品；

---

❶ 欧盟商标条例第 20 条。
❷ 欧盟商标条例第 9 条。

（d）将所述商标作为公司名称或商号或其组成部分；

（e）在商务文件上或广告中使用所述商标；

（f）以违反欧盟理事会第 2006/114 号指令的方式在比较广告中使用所述商标。❶

权利人还可以阻止第三人未经其许可将附有与注册商标相同或无明显区别的商标的商品从第三国进口至欧盟并在欧盟存储但不销售，除非该第三人或商品持有人提供证据证明该注册商标的所有者无权阻止所述商品在最终目的国销售。

另外，如果存在贴附商标的包装、标牌、标签、安全或防伪标识或装置或者其他贴附商标的载体被使用于商品和服务上的风险，且所述使用构成欧盟商标条例第 9 条第 2 款第 3 款规定的对注册商标的侵权使用，则该注册商标的所有者可以阻止商业活动中的下述行为：

将与注册商标相同或近似的商标贴附于包装、标牌、标签、安全或防伪标识或装置或者其他可贴附商标的载体上；

销售、许诺销售、为前述目的存储，或进口或出口贴附前述商标的包装、标牌、标签、安全或防伪标识或装置或者其载体。❷

一旦注册商标所有者自己或者第三人经其许可在该注册商标下将商品放入欧盟市场，该权利所有者将不能阻止所述商品在欧盟市场上的流通，除非所述商品在被放入欧盟市场后发生了变化或损坏。❸

企业在将产品销售至欧盟市场之前，一方面需要注册自己的商标，以防止他人抢注；另一方面需要进行商标侵权风险检索和排查。需要注意的是，依照欧盟商标法律和实践，企业对于自有注册商标的使用，并不一定没有侵

---

❶ 欧盟商标条例第 9 条。
❷ 欧盟商标条例第 10 条。
❸ 欧盟商标条例第 15 条。

权风险，换言之，使用自有注册商标，并不一定可以作为对抗侵权指控的有效抗辩。这与中国的商标法律和实践有区别。

三、外观设计

（一）法律框架

欧盟注册外观设计保护的相关法律起始于 1998 年欧盟议会、欧盟理事会第 98/71 号指令，现行法律为 2001 年 12 月 12 日由欧盟理事会通过的第 6/2002 号相关欧盟外观设计的条例［*Council Regulation（EC）No 6/2002 December 2001 on Community designs*，以下简称"欧盟外观设计条例"］。

欧盟注册外观设计的审查及注册的工作由 EUIPO 依照欧盟外观设计条例执行，在该条例下注册的欧盟注册外观设计，具有一体化特性，在整个欧盟内具有统一效力。欧盟注册外观设计的有效期为自申请日起 25 年，每 5 年需要缴纳一次续展费。

（二）欧盟外观设计的注册条件

欧盟外观设计权归属于设计人或其权利继承人，除非相关国家法律另有规定，由雇员在执行其工作职能过程中或按照雇主指示所创造的外观设计，相关权利归属于其雇主。❶ 因此，任何自然人、法人或根据相关国家法律具备等同法人资格的组织均可以申请欧盟注册外观设计并成为欧盟注册外观设计的所有者。

---

❶ 欧盟外观设计条例第 14 条。

欧盟外观设计条例意义下的外观设计特指由产品本身或者其装饰的线条、轮廓、颜色、形状、纹理和/或材料所体现的产品的全部或部分的外观。此处的产品指的是工业产品或手工制品，特别包括可拆装的复杂产品的组成部件、包装、装潢、图像符号及字体等。[1]

EUIPO 在受理欧盟注册外观设计申请之后，不对申请进行实质审查，如果申请符合相关形式要求，则直接予以注册，并公开（除非申请人要求了演唱公开）。虽然注册过程中没有实质审查，但注册完成并公开后，第三人可以基于法律规定理由请求 EUIPO 或欧盟外观设计法院宣告注册外观设计无效。可用的无效理由包括[2]：

（a）该外观设计不构成欧盟外观设计条例第 3 条所定义的外观设计；

（b）该外观设计不满足欧盟外观设计条例第 4—9 条的规定；

（c）根据相关法院的判决，权利人不具备对该外观设计的所有权；

（d）该外观设计与另一申请在前公开在后的欧盟注册外观设计或欧盟成员国外观设计相抵触；

（e）该外观设计包含归属于第三方的标识，按照欧盟或成员国相关法律，该第三方可以阻止他人在外观设计中使用该标识；

（f）该外观设计构成了对于他人受相关成员国版权法保护的作品的未经授权使用；

（g）该外观设计构成了成员国国旗、国徽或官方标志等的不正当使用。

上述无效理由（c）仅可以由对该外观设计拥有所有权的人来使用，而无效理由（d~f）仅可以由相关在先权利的申请人或所有者使用。其他无效理由，可以由任何人根据实际情况使用。

---

[1] 欧盟外观设计条例第 3 条。
[2] 欧盟外观设计条例第 25 条。

实践中，最常用的无效理由是理由（b），其主要包括：

相关外观设计不具备新颖性或独创性❶；

相关外观设计不是由其技术功能及连接方法唯一决定的❷；

相关外观设计不违反公共秩序和善良风俗。❸

其中，外观设计的新颖性要求指的是，待评价的外观设计与现有外观设计不相同。此处的现有外观设计包括在先注册的欧盟外观设计和在先公开的欧盟非注册外观设计；另外，此处的相同并非严格意义上的相同，如果待评价的外观设计与在先外观设计仅在可忽略的细节上存在差异，这种差异在认定外观设计是否相同时，一般不予考虑。

外观设计的独创性所要求的是，待评价的外观设计给知情的使用者（informed user）的整体印象与现有外观设计不同。"知情的使用者"是一个虚拟的人，他/她不是一个只有一般注意力的使用者，而是因其个人经验或其对相关领域的深度了解，而有着极强的观察力的使用者。在评价一项欧盟注册外观设计是否具备独创性时，需要结合考虑设计人在创造该外观设计时其所拥有的设计自由度，例如为了实现产品的技术功能或满足特定的法规要求，而对设计特征所施加的限制。如果设计自由度比较大，则需要待评价的外观设计与现有外观设计有较大区别，才能支持外观设计的独创性；反之，则较小的区别即可支持外观设计的独创性。

另外，值得注意的是，如果在一件欧盟注册外观设计申请的申请日或优先权日之前的 12 个月内，由设计人或其权利继承人自己公开相关设计，或者基于设计人或其权利继承人所提供的信息，由第三人进行公开，所述公开的

❶ 欧盟外观设计条例第 4 条。
❷ 欧盟外观设计条例第 8 条。
❸ 欧盟外观设计条例第 9 条。

设计不构成相对该欧盟注册外观设计的现有设计。❶

（三）欧盟注册外观设计作为产权标的的处置

欧盟注册外观设计具有一体化特性，在整个欧盟内具有统一效力。其可以独立于所有者的其他财产进行转让，也可以随同所有者的其他资产进行整体转让，转让的效力延及整个欧盟。❷ 与转让不同，欧盟注册外观设计的所有者，可以在整个欧盟或者部分欧盟成员国许可他人使用其注册外观设计。❸ 欧盟注册外观设计的转让和许可由 EUIPO 按所有者的请求进行登记，登记后才具有对抗第三人的效力。

（四）欧盟注册外观设计保护

欧盟注册外观设计的保护范围涵盖任何不能给知情的使用者不同整体印象的设计，在评估注册外观设计的保护范围时，需要结合考虑设计人在创造该注册外观设计时其所拥有的设计自由度及设计空间的拥挤程度。❹ 如果设计自由度比较大，注册外观设计的保护范围较宽；反之，则其保护范围较窄。

欧洲注册外观设计可赋予其所有者排他的权利，使其可以阻止他人未经许可使用其注册外观设计。所述对注册外观设计的使用包括生产、销售、许诺销售、进口、出口或使用体现该注册外观设计的产品，以及为前述目的存储所述产品。❺

一旦欧盟注册外观设计的所有者自己或者第三人经其许可将承载落入注

---

❶　欧盟外观设计条例第 7 条。
❷　欧盟外观设计条例第 28 条。
❸　欧盟外观设计条例第 32 条。
❹　欧盟外观设计条例第 10 条。
❺　欧盟外观设计条例第 19 条。

册外观设计保护范围的外观设计的产品放入欧盟市场，该权利所有者将不能阻止所述产品在欧盟市场上的进一步流通。❶

（五）欧盟非注册外观设计

除注册外观设计保护外，对于特定领域的产品，例如快消品，还可以通过欧盟非注册外观设计体系保护产品的外观设计。

顾名思义，非注册外观设计权的获取，不以注册为前提条件，而是自外观设计在欧盟的首次公开起，自动获得。此处的公开，不限于以书面形式公开，还包括通过展览、产品销售、使用等方式在欧盟范围内为相关领域内的公众所知。

欧盟非注册外观设计保护的客体与欧盟注册外观设计相同，其对外观设计的新颖性和独创性的要求也与欧盟注册外观设计相同。但其保护期限较短，仅从首次公开起 3 年。另外，其保护力度较欧盟注册外观设计弱，非注册外观设计权不是一种垄断权，权利人仅能阻止他人未经许可抄袭其外观设计或处置抄袭其外观设计而生产的产品。

（六）欧盟外观设计侵权风险规避

考虑欧盟范围内既存在注册外观设计保护制度，又存在非注册外观设计制度，企业在将产品销往欧洲市场前的风险排查就需要尽可能两者均覆盖。但实际操作中，相比注册外观设计，非注册外观设计的检索往往具有更大的偶然性，较难实现全面、完整的检索。实践中，一方面，一种常用的方法是充分利用欧盟注册外观设计与欧盟非注册外观设计保护期限的差异，在无法

---

❶ 欧盟外观设计条例第 21 条。

完全排除注册外观设计或非注册外观设计可能带来的侵权风险的情况下，查找可能被用来作为现有设计抗辩的失效设计，以备需要时使用；另一方面，企业需要尽量完整地保留证明产品设计过程的相关文档，以便在必要时可以用来证明己方的产品外观设计为自行独立完成，而非抄袭。

四、版权

欧盟版权保护体系较为复杂，目前没有一套完整的版权保护相关的欧盟法规，欧盟版权保护的法律框架主要由 11 个欧盟议会、欧盟理事会指令和 2 个欧盟议会、欧盟理事会条例及判例法构成。

企业如有自身作品等版权保护或者应对版权侵权风险的需求，需要首先明确版权保护的标的（例如文字作品、音乐作品、影视作品、计算机程序、数据库等），再针对相关类型作品的特性，制定保护或风险防范的策略。鉴于版权保护体系的复杂性和篇幅限制，此处不展开介绍。

五、商业秘密

（一）法律框架

欧盟议会、欧盟理事会于 2016 年 6 月 8 日通过了关于防止非法获取、使用和公开不为公众所知的技术秘密和商业信息（商业秘密）的第 2016/943 号指令（以下简称"商业秘密保护指令"）。该指令构成了欧盟商业秘密（包括技术秘密）保护的基础法律框架。

（二）商业秘密的定义

该指令对商业秘密作了明确定义——商业秘密及满足下列条件的信息：

（a）具备秘密性，即其内容或其组成部分的特定设置或组织形式不为领域内通常处理相关类型信息的人所知或不易被其获取；

（b）因为其秘密性而具有商业价值；

（c）依法管理该信息的人，在相关环境下采取了合理的措施对其进行保密，例如对电子文件进行加密，与需要访问相关信息的人员签署保密协议等。❶

换言之，商业秘密就是被企业作为秘密对待，并能给企业带来竞争优势的有价值的信息。实践中，商业秘密常包括早期研发阶段的技术信息、产品生产工艺、供应商及客户信息等。

（三）商业秘密的保护

与专利保护制度下以公开换取一定期限内的垄断权利不同，商业秘密没有固定的保护期限，只要相关信息未进入公共领域，商业秘密可以获得长期保护。另外，商业秘密保护所赋予权利人的不是相关信息的专用权，权利人可以阻止他人未经许可访问、复制或公开权利人的商业秘密❷，但如果他人基于独立发现或创造获得相同的信息，或者在无合法限制的情况下，对公开的或其依法获得的产品或物品进行观察、研究、拆解或测试而得到相同的信息，权利人则无权阻止其使用该信息。❸

在司法判决中，如果认定存在商业秘密侵权的情节，请求人可以寻求的

---

❶ 商业秘密保护指令第 2 条。
❷ 商业秘密保护指令第 4 条。
❸ 商业秘密保护指令第 3 条。

法律救济包括对侵权人采取下列措施中的一种或多种❶：

（a）责令停止或禁止使用或公开相关商业秘密；

（b）禁止生产、销售、许诺销售或使用侵权产品，或为前述目的进口、出口或存储侵权产品；

（c）针对侵权产品采取补救措施，包括召回、去除侵权元素、销毁或撤回侵权产品；

（d）销毁或向请求人转交包含或承载相关商业秘密的文件、物品、材料、物质或电子文件。

对于明知或应知其行为的侵权性质，仍实施侵权行为的侵权人，相关司法机关还可以依请求，判令侵权人就其侵权行为给权利人带来的损害进行赔偿。❷ 赔偿额的计算方法，可以参考因侵权行为导致的权利人盈利的减少、侵权人因侵权行为所获得的不合理收益、权利人原可获得的许可费用，以及侵权行为给权利人造成的精神损害等非经济因素。

鉴于上述商业秘密保护的特点，企业一方面需要保证自己的商业秘密不被侵犯，另一方面需要确保自己的经营活动中不侵犯他人的商业秘密。企业可以采取的措施包括：①在产品研发全流程中采取保密措施；②与员工之间签署保密协议和竞业限制协议；③在商业合作和技术交流活动中，如涉及机密信息的披露，在信息披露之前与合作伙伴和技术交流的对方签署保密协议，如不适合签署保密协议，则避免披露核心技术资料；④在招聘新员工时，考察拟聘用员工是否负有竞业限制义务和商业秘密的保密义务，并请拟聘用员工作出书面陈述或者承诺，入职邀请内明确写明"不允许也不接受新员工携带前雇主商业秘密入职或将此类信息用于其在本公司的工作中"等内容。

---

❶　商业秘密保护指令第 12 条。
❷　商业秘密保护指令第 14 条。

附录2 美国知识产权相关法案评析

美国出口管制体系主要管制原产于美国的货物、软件和技术（统称为"商品"）及某些服务的国际流动。管制的重点可能是商业/军民两用品或军用品，其实施的依据包括从美国的国家安全和外交政策方面的考虑以及多边体制的要求。美国出口管制体系由多个政府机关执行，包括主管出口管制条例（EAR）下对军民两用商品（包括货物、软件和技术）出口和再出口进行管制的美国商务部下属的工业与安全局（BIS），以及负责执行国际武器贸易条例（ITAR）下对国防商品（货物、软件和技术）以及国防服务的出口、临时进口和经济实施管制的美国国务院下属的国防武器贸易办公室。笔者仅讨论由BIS执行的EAR管制体系。

中国企业特别是涉及高技术领域的企业，在接触美国原产商品时必须注意美国出口管制风险。下面将简要介绍重点风险区域。

EAR对于接触美国原产商品的美国和非美国人同样适用。美国原产商品包括：①在美国国内制造的商品；②在美国以外制造但包含超过忽略不计价值的美国元素的商品；③某些不含美国元素但是构成敏感美国技术衍生品的商品。处于美国的商品，不论其来源地，抑或经美国作中转由一国转送至其他国家，均属EAR管制范围。因此，EAR的适用范围不局限于在美国境内发生的行为。比如，从中国向第三国再出口美国原产商品即受EAR管辖。中国企业只要接触美国原产商品，无论是在美国境外还是境内，都必须遵守EAR的规定。如果发生违规行为，除了传统的民事和刑事处罚，中国企业还可能失去购买任何美国原产商品的能力。

此外，如果某美国原产商品针对中国属于管制商品，那么一般来讲任何人都被禁止，即在未经 BIS 特别许可的情况下，将该商品出口或再出口到中国或将该技术或软件在世界任何地方透露给中国公民。

一、EAR 的主要限制性规定

EAR 对其管辖范围内商品（即美国原产商品和在美国境内的商品）的出口和再出口有非常复杂的规定。比如，对美国原产商品的出口和再出口的限制可能依据：①出口目的地国家；②特定的最终用户或用途。

EAR 对上文提及的军民两用品会根据其在商务部管制清单（Commerce Control List，CCL）上的分类，针对某些目的地国家实施出口管制。比如，某些军民两用品在向因"国家安全""犯罪控制"或"反恐"而被美国管制的国家出口方面受到 EAR 限制。对于某些高度敏感国家而言，在没有 BIS 许可的情况下出口或再出口任何 EAR 管辖范围内商品，不一定为军民两用品，均可能违反美国出口管制条例的规定。

EAR 同时还包含许多针对最终用途和最终用户的出口限制和禁令。比如，在出口或再出口某些民用商品时，如果"知晓"意图将其用于中国境内的"军事最终用途"，那么该交易将受到某些特别许可要求的限制。同时，美国存在一些受限制个人和实体清单，比如"实体清单"（Entity List）。为受限制个人或实体获益而进行的出口交易，无论是否涉及军民两用品，都可能受到 EAR 的禁止或限制。

二、宽泛的"出口"和"再出口"概念

"出口"和"再出口"在 EAR 下均为非常宽泛的概念，包括但不限于：

①将商品由美国运输或传送到外国目的地；②将美国原产商品由美国境外运输或传送到另一外国目的地（"再出口"）；③使用电子方式发送或传送美国原产软件或技术。非常重要的是 EAR 同时还管辖"视同出口"和"视同再出口"。"视同出口"指以肉眼观察或口头交流的方式向美国境内的外国人透露技术信息，而"视同再出口"指将美国原产技术透露给美国境外的外国人。因此，很多交易在 EAR 下被视同为"出口"或"再出口"，即使所涉及的物品或技术从未离开过相关国家，甚至从未离开过它所处的房间。

三、美国出口管制改革法

美国原总统特朗普于 2018 年 8 月 13 日签署了 2018 年出口管制改革法（ECRA），作为 2019 财年约翰·S. 麦凯恩国防授权法案（NDAA）的一部分。ECRA 背后的主要政策动机是加强美国的出口管制，以更好地解决关键技术被透露给美国担忧的最终用途、最终用户和国家的问题，尤其是中国。

ECRA 为 EAR 提供了永久性的法律依据。EAR 原先的法律依据 1979 年出口管制法于 2001 年失效后，EAR 持续有效，但是其合法性在 ECRA 之前须依赖总统根据国际紧急状态经济权力法逐年签发的行政命令。

更重要的是，ECRA 明文要求美国政府识别"对美国国家安全至关重要的新兴和基础技术"，并使用行政法规予以管制。ECRA 建立了一个由 BIS 主导的多政府机构程序，用于识别这些新兴技术和基础技术。在管制程度上，ECRA 还要求行政法规作为最低限度必须规定向受到美国武器或其他禁运的国家，包括中国（受美国武器禁运），出口任何新兴技术或基础技术都必须事先取得美国政府许可。

"新兴"和"基础"这两个概念在 ECRA 下没有定义，而 BIS 也尚未公布其定义。ECRA 仅要求多政府机构程序考虑以下三个因素：①新兴技术和基础技术在外国的发展情况；②实施管制对相关技术在美国发展可能造成的影响；③管制在限制新兴技术和基础技术在外国扩散方面是否实际有效。如果某新兴技术或基础技术将成为 EAR 下有商品针对性的管制对象，ECRA 允许 BIS 针对附属于某些交易的技术披露作出许可例外的规定。但是，BIS 是否确实或将如何规定这些例外还没有明确信息，中国企业不应在没有适格美国律师指导的情况下在商业规划中依赖这些例外。

2018 年 11 月 19 日，BIS 在美国联邦公报中公布了"规则草稿制定预先通知"（以下简称"预先通知"），征求公众对新兴技术识别标准的意见，评论期最终于 2019 年 1 月 10 日截止。在预先通知中，BIS 列举了 14 个有代表性的技术大类，"商业部寻求确定在这些大类中是否存在对美国国家安全至关重要的具体新兴技术"。这些技术大类体现了 BIS 在识别应受管制的新兴技术和基础技术方面，至少是最初的兴趣点，包括：①生物技术；②人工智能和机器学习技术；③位置、导航和授时技术；④微处理器技术；⑤先进计算技术；⑥数据分析技术；⑦量子信息与传感技术；⑧物流技术；⑨增材制造（例如，3D 打印）；⑩机器人；⑪脑机接口；⑫超音速；⑬先进材料；⑭先进监视技术。

据美国的 Regulations. gov 网站公布的数据，根据预先通知的要求针对新兴技术提交的评论有 246 条，其中大约有 230 条公开发表。通过这些评论，美国企业、学术机构和商业组织对如下问题表现了高度关注：①BIS 是否将宽泛地解释法条中"对美国国家安全至关重要"的规定，比如解释是否应限制在传统国家安全考量因素之内（例如情报收集、传统和大规模杀伤性武器和反恐）；②将来的管制对美国大学和研究机构的基础研究和其他日常科研活动会造成的影响，以及这种影响对美国在相关领域的技术领先地位可能带来的后果；③将来的管制对美国企业市场地位的影响，比如，是否会对拥有目前具有显著市场份额优势的用于发展、维护人工智能应用的软件平台的美国企业造成影响；④如何处理未来新兴技术管制与美国参与的多边出口管制体系之间的关系，比如 BIS 在识别"新兴"技术时是否应考虑被接受为多边管制的可能性。

目前，BIS 在评论期结束后尚未宣布任何进一步立法动作。立法的下一步可能是发布规则草稿的通知。同时，BIS 还在为多个"技术指导委员会"（Technical Advisory Committees，TAC）招募成员，包括专注于识别新兴技术和基础技术的 TAC。BIS 还表示计划就基础技术发布单独的规则制定通知。新兴技术和基础技术的识别是一个持续的过程，即不断识别和控制新商品。

四、2019 年中国技术转让控制法（草案）

2019 年 5 月 14 日，美国密苏里州共和党参议员乔希·霍利（Josh Hawley）在美国参议院提出"2019 年中国技术转让控制法（草案）"（China Technology Transfer Control Act，CTTCA）。这项拟议的立法特别针对中国的程度甚至超过了 ECRA。相关新闻稿指出该法案的目的是"阻止中国军方收购敏感的美国技术，并正式斥责中国进行掠夺性贸易行为"。尽管目前不确定 CTTCA 是否会被国会通过成为法律，这也表明 ECRA 的颁布并没有完全减少国会对采取改革以收紧美国出口管制规则的兴趣，特别是对中国而言。

下面总结 CTTCA 关于出口管制改革的主要条款。

第 6 节

● 颁布此法后 120 天内，及此后每年，美国贸易代表必须提出由中国制造、生产或出口的产品清单，其内容由以下官员决定：

1. 由美国贸易代表决定（a）根据"中国制造 2025"产业政策获得中国

政府支持的产品或（b）得到中国政府其他方式支持，并且已经或将来会取代美国同类产品净出口的产品；

2. 由国务卿决定中国政府用来侵犯人权或宗教自由的产品。

● 美国贸易代表必须在清单中包含以下中国文件中指定的任何产品：

1. 关于印发"中国制造2025"的通知；

2. "中国制造2025"；

3. 关于印发"十三五"国家战略性新兴产业发展规划的通知；

4. 关于推进国际产能和装备制造合作的指导意见；和

5. 任何中国政府、中国共产党或其他能够影响中国国家战略的实体或个人制定，并表达与"中国制造2025"产业政策有关的国家战略或既定目标的文件。

● 美国贸易代表还必须在清单中加入以下行业的产品：

1. 民用飞机；

2. 涡轮发动机；

3. 汽车和车辆；

4. 先进医疗设备；

5. 先进施工设备；

6. 农业机械；

7. 铁路设备；

8. 柴油机车；

9. 货物搬运；

10. 半导体；

11. 锂电池制造；

12. 人工智能；

13. 大容量计算；

14. 量子计算；

15. 机器人；和

16. 生物技术。

颁布此法后 180 天，美国总统必须控制出口或再出口或转让给中国任何受美国管辖或由美国人出口的"受保护国家利益技术或知识产权"。

其中，"受保护国家利益技术或知识产权"定义为：该技术或知识产权会对中国的军事潜力作出重大贡献从而侵蚀美国国家安全；保护美国经济免受稀缺材料过度流失和减少中国需求的严重通胀影响所需的技术或知识产权。

该技术或知识产权是第 6（a）条增加的 1974 年贸易法第 183 条最新要求的清单所列产品生产的组成部分，经与美国贸易代表协商确定；及中国政府用来侵犯人权或宗教自由的技术。

"知识产权"定义为：受美国法典第 17 编版权保护的任何作品；受美国专利商标局授予的专利保护的任何财产；任何注册商标；商业秘密；或任何其他形式的知识产权。"技术"定义为与信息系统，基于互联网的服务，增强生产的物流、机器人、人工智能、生物技术或计算相关的商品或服务。

在颁布此法后 90 天内，美国国务卿和商务部部长必须联合向国会提交报告，评估"受保护国家利益技术或知识产权"是否应在 ITAR 或 EAR 下进行管制。

违反 EAR 下的出口管制规定可能给相关方带来民事和刑事处罚。对于违反 EAR 的民事处罚包括但不限于，按每次违规计算，①不超过（a）30 万美元或（b）导致违规交易金额的两倍之间更多者的民事罚金；②剥夺出口权利。刑事处罚包括，按每次违规计算，①不超过 100 万美元的刑事罚金；②不超过 20 年监禁。违反 EAR 下的出口管制可能，并在实践中已招致，几千万美元或上亿美元的罚金，以及责任方的长期监禁。

近年来，美国对涉及中国企业的出口管制违规在增大执法力度。除了传统的民事和刑事处罚，BIS 还可能将相关个人和实体加入受限制个人和实体清单，以此来严重限制，甚至禁止这些个人和实体接触美国原产商品。这些受限制个人和实体清单包括 BIS 主管的"实体清单"。如果被加入"实体清单"，一般而言凡是属于 EAR 管辖范围内的交易，任何人（不限于美国人）禁止在没有 BIS 特别许可的情况下对这些"实体清单"上的个人和实体进行出口或再出口。这种限制会严重影响受限制方与任何有在 EAR 管辖内商品的商业伙伴进行交易的能力，并严重削弱其接触美国市场的可能性。2018 年，许多中国公司因为不同的原因被加入"实体清单"，例如，2018 年 10 月 30 日，BIS 将福建省晋华集成电路有限公司加入"实体清单"，原因是该公司被判定有参与损害美国家安全或外交利益活动的重大风险。该决定发生在该公司被美国联邦大陪审团提出刑事起诉之后，缘由是被指与联华电子公司（UMC）合作使用从美国美光科技有限公司偷盗来的知识产权大批量生产动态随机存取存储器（Dynamic Random Access Memory，DRAM）。

对于依赖美国原产商品进行下游生产或用于其他重要用途的中国企业而言，被加入"实体清单"会给企业的正常运营带来极大的困难，甚至会导致企业无法存续。

笔者给中国企业的建议：ECRA 和针对中国企业持续增大的执法力度对于在运营中接触美国原产商品（包括技术和软件）的中国企业意义重大。比如，如果某项技术被 BIS 认定为"新兴"技术或"基础"技术，在相关领域与美方有合作研发协议的中国企业可能受到很大影响。即使是在 EAR 的现行规则下，中国企业也不会因其外国实体的身份而被免除 EAR 合规的义务，并可能因美国原产商品的不当处理而遭受经济、商誉和商业机会方面的重大损失。因此，中国企业应该就 BIS 的立法过程寻求高质量、职业化信息和适格的法律建议，这是进行有效商业规划的必然前提。同时，中国企业应高度重视 EAR 合规问题，以防止承受巨额经济损失或失去美国供应链。

如果中国企业接触美国原产货物、技术或软件，应当就美国出口管制合规向适格美国律师进行咨询，包括"美国原产""出口"和"再出口"的定义，以及这些概念对企业运营的影响。

一些中国企业，特别是高技术企业，可能受到将来"新兴"技术和"基础"技术管制的负面影响，包括人工智能、微处理器技术、数据分析和其他领域的企业。这些企业应该与适格美国律师合作作出最符合企业整体利益的处理方案。

中国企业应高度关注针对"基础技术"的"规则草稿制定预先通知"，并咨询专家以决定是否和如何做出回应。企业应该考虑聘请经验丰富、熟悉美国法律的律师具体分析相关领域的出口管制改革，便于收到及时更新和高质量建议。

附录 3 东南亚主要国家知识产权合规评析

附录 3.1 新加坡知识产权合规及案例评析

新加坡是一个高度法治化的国家，对知识产权的保护非常重视。据统计，在《2019 年全球竞争力报告》（*Global Competitivenes Report，2019*）中，新加坡的知识产权保护水平排名世界第二、亚洲第一。[❶] 在 2022 年美国商务部发布的国际产权指数排行中，新加坡位列第 11 名。[❷]

一、知识产权法律法规

在新加坡国内受到保护的知识产权有专利、商标、注册设计、版权、地理标志以及植物品种。新加坡分别制定了单项法规对这些知识产权进行保护，具体情况见附表 3 - 1。

附表 3 - 1 新加坡知识产权法律制度

类型	法律名称	生效日期	修订日期
专利	专利法	1995 年 2 月 23 日	2022 年 1 月 12 日

---

❶ Singapore's Global Innovation Ranking ［EB/OL］.［2021 - 10 - 20］. https：//www. ipos. gov. sg/resources/singapore - ip - ranking.

❷ 2022 International IP Index ［EB/OL］.［2023 - 04 - 26］. https：//www. uschamber. com/intellectual - property/2022 - international - ip - index.

续表

类型	法律名称	生效日期	修订日期
商标	商标法	1999 年 1 月 15 日	2022 年 1 月 12 日
注册设计	注册设计法	2000 年 11 月 13 日	2022 年 1 月 12 日
版权（著作权）	版权法	1987 年 4 月 10 日	2021 年 9 月 13 日
地理标志	地理标志法	1999 年 1 月 15 日	2022 年 1 月 12 日
植物品种	植物品种保护法	2004 年 7 月 1 日	2022 年 1 月 12 日

数据来源：Singapore Status Online.

上述知识产权的保护期限各有不同，比如专利权的保护期限是在申请之日起 20 年；商标权的有效期为 10 年，可以在期满后续展，每次续展的有效期为 10 年等（见附表 3 - 2）。❶

附表 3 - 2 新加坡知识产权权利保护期限

类型	保护期限			
专利	申请之日起 20 年❷			
商标	申请之日起 10 年（期满可申请续展，每次续展注册的有效期为 10 年）			
注册设计	申请之日起 5 年（之后每 5 年可申请延长 1 次，一般情况下最长不超过 15 年）			
地理标志	注册之日起 10 年（期满可申请续展，每次续展注册的有效期为 10 年）			
植物品种	授权之日起 25 年			
版权	类型	当前保护期		新保护期	
		作品是否发行或使公众可以获取	保护期	作品是否发行或公开	保护期

---

❶ 网址为 https：//www.ipos.gov.sg/about - ip.

❷ 针对新加坡专利法第 36 条第 1A 款（延长药物专利保护期以弥补市场准入程序带来的延迟，或者延长保护期以补偿专利权人因专利局授权过程中不合理延迟而造成的延迟），专利保护期满的，专利权人可以申请延长专利保护期限，最长不超过 5 年。

续表

版权	文字作品 音乐作品 戏剧作品 雕刻作品	未发行或未使公众能够获取	永久	作者去世后 70 年	
		作者生前已发行或使公众能够获取	作者死后 70 年		
		作者死后发行或使公众能够获取	作品首次发行或公开后的 70 年		
	艺术作品 （不包括雕刻和摄影作品）	作者去世后 70 年		作者去世后 70 年	
	摄影作品	未发行	永久	作者去世后 70 年	
		已发行	首次发行后 70 年		
	匿名或 假名作品 电影作品	未发行	永久	未发行	
		已发行	首次发行后 70 年	作品完成 50 年后出版，且该作品在 50 年内不以其他方式向公众提供	作品创作完成之日起 70 年
				作品完成 50 年后出版，但这作品在 50 年内已经向公众提供（通过出版以外的方式）	首次使公众能够获取之日起 70 年
				作品完成后的 50 年内出版	首次出版后 70 年

续表

版权	录音制品	未发行	永久	未发行	录音制品制作完成之日起70年
		已发行	首次发行后70年	录音制品完成50年后发行	录音制品完成之日起70年
				录音制品完成后的50年内发行	录音制品首次发行之日起70年

版权方面稍微复杂一点，2021 年版权法为未发表作品设定了保护期，并对此前版权法中有关保护期的规定进行了调整，需要注意的是，新旧保护期的实施之间设定了一段过渡期，该过渡期于 2022 年 12 月 31 日结束（见附表 3 - 2）。

对比中国国内知识产权制度，新加坡的知识产权制度有一些特别之处，值得中国企业注意。

1. 商标

（1）未注册商标可在新加坡享有普通法上的权利。

新加坡法律制度遵循普通法传统，普通法原则和商标法均可为商标提供保护，两种方式并行不悖。

新加坡商标法规定，通过商标注册获得商标享有专用权是常见的获得商标权利保护的方法。同时，根据普通法原则，未注册商标的所有人可以依靠"假冒经营"（passing - off）侵权的诉求来防止商标被他人模仿或未经授权使用。❶

对于驰名商标，因为中国和新加坡都是《保护工业产权巴黎公约》的成

---

❶ 假冒经营，即在一方销售商品或其他经营行为时所使用的名称、符号、说明等足以使公众误认为是另一方的商品。

员国，又是世界贸易组织成员，因此权利人有权以禁令的形式，防止其驰名商标在新加坡被侵权。●而对于非驰名商标，如果权利人希望依照新加坡商标法主张权利，则必须以取得注册商标为前提。●

在实践中，由于难以证明在新加坡已形成足够的商誉，中国企业往往无法获得普通法上的商标保护。因此，对于在新加坡开展业务的中国企业而言，还是建议尽早注册商标。

（2）接受非传统商标的注册申请。

在新加坡，商标可以是字母、单词、名称、签名、标签、装置、票据、形式和颜色，或这些元素的任意组合。●此外，新加坡接受非视觉性商标，如3D 形状、颜色、声音商标、全息图商标、动态商标等，目前国际上通常称这些为"非传统商标"。●

实践中，有不少非传统商标在新加坡注册成功的案例，比如柒和伊控股公司（7-11 Inc.）成功注册了一个颜色商标，该商标由橙色、绿色和红色的三个水平条纹组成；诺基亚公司注册了某声音商标，指定使用在《类似商标和服务区分表》第9类。

因此，中国企业可根据商业运营的实际需求，在新加坡申请注册非传统

● 根据新加坡商标法第 55 条规定，《巴黎公约》和 TRIPS 成员的企业，如果其注册国或使用国主管机关认为该商标在该国已经驰名，驰名商标所有人有权以禁令的形式，防止其驰名商标在新加坡被侵权。

● Singapore Law Watch. ch. 12 Intellectual Property Law［EB/OL］.［2023-05-29］. https：//www. singaporelawwatch. sg/About-Singapore-Law/Commercial-Law/ch-12-intellectual-property-law#Section%2012. 5. 31.

● 商标法第 2 条。

● 2006 年 3 月，世界知识产权组织通过的《商标法新加坡条约》（Singapore Treaty on the Law of Trademarks，STLT）规定，只要是能够起到区别商品或服务来源的标识，都有可能获得商标注册保护。《商标法新加坡条约实施细则》明确，条约不仅适用于由一般的可视性标志组成的商标，而且适用于立体商标（three-dimensional marks）、颜色商标（color marks）、全息图商标（hologram marks）、动态商标（motion marks）和含有非可视性标志的商标如声音商标（soundmarks）、气味商标（smell marks）。

商标以获得相应保护。

2. 地理标志

由于中国是世界贸易组织成员之一，中国的地理标志产品进入新加坡时被给予自动的保护，无须提供具体的保护申请。❶

需要注意的是，申请注册的地理标志必须是在中国已经受到保护的地理标志，且不能用于与新加坡商品或服务的通用名称相同的任何商品或服务，若是包含动物或植物名称的地理标志，要保证其能够指向特定的区域，不能造成相关公众的混淆。

3. 专利

与我国专利制度不同，新加坡专利法仅保护发明专利，没有实用新型的概念，外观设计通过注册设计法保护。

申请人可以向新加坡专利登记处递交专利申请或通过网上平台递交申请，也可以依据《保护工业产权巴黎公约》途径和 PCT 途径进行专利申请。自 2017 年 1 月 1 日起，新加坡知识产权局开始接受中文提交的 PCT 专利申请，同时将翻译费用推迟到 PCT 进入国家的阶段，这在一定程度上吸引了中国高新技术企业进入新加坡开展专利布局。

此外，新加坡政府通过财政激励措施和优惠的税收制度鼓励知识产权的发展和注册。例如，新加坡国际企业发展局提供的市场准备援助（MRA）计划，旨在帮助新加坡企业在境外扩张时支付部分成本（包括知识产权成本）。中国企业符合相关条件的，也可依程序申请享受相应优惠。

4. 版权

新加坡 2021 年版权法回应了技术发展带来的版权实践问题，进一步完善了作品的权属规则和合理使用规则等。

---

❶ 地理标志法第 2 条。

其中，企业应特别注意法规对默认版权的归属问题。比如，2021年版权法规定内容创作者是默认版权所有者（所有类型的委托作品均适用），但员工创作的作品除外，雇主是其员工在受雇过程中创建的所有类型内容的默认版权所有者。❶

此外，在商业经营活动中，企业经常会聘请第三方制作照片和视频以供宣传使用，如果企业想要享有该委托作品的版权，必须通过合同明确约定版权归属。

5. 商业秘密

新加坡没有针对商业秘密保护的专门立法，主要以判例法的原则作为前提，并随着不断变化的商业实践和技术进步而不断完善。一般而言，商业秘密保护由普通法中的违反保密原则、合同法的保密义务条款等覆盖。❷

虽然新加坡刑法中没有规定商业秘密方面的罪名，但一些法律原则与单行法中有与保密有关的规定，如普通法中的违反保密原则、就业法、合同法、版权法、计算机滥用法和刑法典。例如计算机滥用法中规定了非法侵入计算机资料、非法修改计算机资料、泄露计算机系统密码等罪名。

6. 进出口贸易与技术转移

新加坡实行开放的商业贸易政策。除了金融、保险、证券等特殊领域需向主管部门报备，绝大多数产业领域对外资的股权比例等无限制性措施。在技术转移方面，新加坡的政策与其在其他商业贸易上采取的开放态度是一

---

❶ 2021年版权法第133条、第134条。

❷ Intellectual Property Office of Singapore. Study on the protection and management of trade secrets in Singapore [EB/OL]. [2023 - 05 - 29]. http://www.ipos.gov.sg/docs/default - source/resources - library/trade - secrets - public - report - 2sept2021.pdf.

致的。❶

中国与新加坡在过去十几年一直保持技术转移领域的良好合作关系。近年来随着"一带一路"倡议的稳步推进，中国企业不断加大在新加坡的投资，并拓展投资领域。

2012 年成立的中国—东盟技术转移中心是由中国科学技术部、东盟科学技术委员会和东盟有关国家科技主管部门共建，是我国唯一一家国家级的面向东盟的技术转移机构，为中国和包含新加坡在内的东盟各国，提供高质量的技术转移对接渠道。

2017 年 10 月，在中国科学院曼谷创新合作中心的合作下，（新加坡）全球"一带一路"技术转移转化中心注册成立，为"一带一路"域内国家打造技术互通、技术共享及产品共同研发的绿色走廊。

2021 年 9 月，中新（重庆）知识产权保护及技术转移服务联盟成立，集聚了中国重庆、新加坡科技研发、专利保护、成果转化、金融投资等行业领域 35 家机构，搭建中国重庆、新加坡技术领域通道，开展技术引进、技术服务。

可以预见，未来新加坡有望进一步发挥自身优势，协助中国企业深入拓展东南亚科技创新市场。

二、知识产权监管体系

新加坡还制定了知识产权局法、2019 年知识产权（争议解决）法和 2018 年知识产权（边境执法）法，以完善和保护知识产权的监管及法律体系。

---

❶ 驻新加坡经商参处. 新加坡对外国投资的市场准入相关情况［EB/OL］.（2018 – 12 – 28）［2023 – 05 – 20］. http://sg. mofcom. gov. cn/article/sxtz/201812/20181202821089. shtml.

新加坡知识产权管理部门是新加坡司法部，新加坡司法部的知识产权政策处和新加坡知识产权局均对新加坡知识产权进行监管。

对于发明专利、商标、地理标志产品、设计、版权及植物品种保护，都可以向新加坡知识产权局进行注册，且其注册所需提交的材料、注册的流程略有区别，总体来说，知识产权保护的注册程序大体分为提交申请、初步检查、资料审查、注册、发放证书及公开几个步骤。

三、新加坡知识产权调解、仲裁和诉讼

新加坡法律公开透明、效率高，在国际上有着较高的可信度。新加坡对存在知识产权纠纷的各方提供一套完整的、多元化的包括调解、仲裁和诉讼的争议解决服务。

（一）调解

新加坡非常重视调解这种快速且节约成本的纠纷解决方式。新加坡知识产权的调解是通过新加坡知识产权局管理，新加坡知识产权局通过制定调解促进计划，促进知识产权争议通过调解程序解决争议。该计划最初制定于2019 年 4 月 1 日，为期 3 年，并于 2022 年 4 月 1 日起延长 3 年。根据修订的调解促进计划，通过调解来解决知识产权争议的，特别是涉及外国知识产权争议的，新加坡将最高奖励 1.4 万新元（折合 6.5 万元人民币）。❶ 在新加坡，可进行知识产权调解的部门如附表 3 - 3 所示。

2017 年，新加坡调解法正式生效，该法规定，法庭可以在未启动其他诉

---

❶ Intellectual Property Office of Singapore ［EB/OL］. ［2023 - 05 - 20］. https：//www. ipos. gov. sg/manage - ip/develop - capabilities.

讼程序之前将通过调解达成的和解协议作为法庭的庭令,从而赋予了调解协议以强制执行力,这使调解协议更加容易被执行并增强了调解作为一种快捷、低成本的纠纷解决方式的吸引力。2019 年,根据强化调解推广机制成功完成了一起发生在美国企业与泰国商人之间的商标纠纷。●

(二)仲裁

新加坡知识产权的仲裁享有较高的国际声誉,主要是由新加坡国际仲裁中心执行,该中心成立专门知识产权专家组,专家主要由新加坡及国际上的知识产权专业人员组成。在新加坡,可进行知识产权仲裁的部门如附表 3 - 3 所示。

(三)诉讼

对于调解和仲裁无法解决的知识产权侵权行为,被侵权人可进行诉讼,主要通过新加坡知识产权法院(高级法院)和新加坡国际商事法庭进行。对于知识产权的侵权行为,权利人可提起民事诉讼,构成犯罪的必须承担刑事责任,包括罚款和监禁或两者并罚。在新加坡,可进行知识产权诉讼的部门如附表 3 - 3 所示。

附表 3 - 3　新加坡知识产权争议解决服务部门

项目	机构名称	成立时间	受理范围
调解	新加坡调解中心	1997 年	主要调解建筑纠纷,其他类型的案件包括银行、合同、公司、就业、信息技术、保险、合伙、航运、知识产权纠纷和租赁纠纷

● 中国服务贸易指南网 [EB/OL]. [2023 - 05 - 29]. http://tradeinservices. mofcom. gov. cn/article/zhishi/anlijq/202004/102125. html.

续表

项目	机构名称	成立时间	受理范围
调解	新加坡国际调解中心	2014 年	为商事主体提供金融工具、雇佣关系、信息技术、知识产权等领域的调解服务
	世界知识产权组织仲裁和调解中心	1994 年	主要解决涉及知识产权的商业纠纷，涉及的范围涵盖确权、合同和侵权争议
仲裁	新加坡国际仲裁中心	1990 年	解决包括公司和商业、贸易和投资、建筑工程、航运海事、保险、知识产权以及银行和金融在内的纠纷
	世界知识产权组织仲裁和调解中心	1994 年	主要解决涉及知识产权的商业纠纷，涉及的范围涵盖确权、合同和侵权争议
诉讼	新加坡高等法院（知识产权法庭）	2002 年	受理涉及版权、专利、商标、地理标志、假冒、商业秘密等各类知识产权案件
	新加坡国际商事法庭	2015 年	受理当事人双方或索赔具有国际和商业性质的知识产权纠纷

综上所述，中国企业对新加坡开展商业活动应从以下五个方面解决知识产权问题。

第一，企业在进入新加坡市场前应先注册相关知识产权。

第二，企业应了解和遵守新加坡的知识产权法规要求以维护自己的知识产权，可以通过当地的知识产权管理部门或知识产权代理机构获得相应知识产权方面的帮助。

第三，企业在各类商业合同中明确相关的知识产权归属。

第四，在新加坡，调解和仲裁是解决知识产权争议的有效手段。

第五，诉讼是解决争议（包括跨国争端）的最后途径。新加坡法律体系属英美法系，为判例法，因此中国企业在诉讼前须广泛搜索先例。根据新加坡法律规定，中国企业在新加坡提起诉讼必须指定当地调查员取证、提供费用保证金，另外可能需要专家和其他证人到审理现场。

附录 3.2　印度尼西亚知识产权合规及案例评析

随着区域合作不断加强，印度尼西亚成为中国贸易重要市场之一。印度尼西亚的法律和文化环境较为复杂，对于不了解情况的外国企业来说，如果进入市场之前没有做好合规管理，企业进入其市场将遭遇阻碍。

下面将为中国企业在寻找印度尼西亚经销商或合作伙伴时的知识产权保护提供一些风险管理建议，例如常见的问题有某些本土合作伙伴试图抢占应属于中国企业（委托人）的知识产权。

一、印度尼西亚知识产权合规相关法规

印度尼西亚知识产权合规法律主要由工业产权框架组成，知识产权行政管理部门为印度尼西亚政府法律和人权事务部知识产权总局。相关知识产权合规立法主要包括：1999 年印度尼西亚第 5 号法律——有关垄断行为和不正当商业竞争法、2000 年印度尼西亚第 31 号法律——印度尼西亚外观设计法、2016 年印度尼西亚专利法、印度尼西亚民法汇编和 2016 年法律和人权事务部第 8 号行政规章——知识产权许可登记协议登记程序要求细则等。

在进入印度尼西亚市场之前，企业应检视是否符合印度尼西亚 2016 年法律和人权事务部第 8 号行政规章——知识产权许可登记协议登记程序要求细则进行许可备案的合规要求。中国企业在与印度尼西亚企业签订分销或许可协议前应采取的风险管理措施。

二、专利保护合规管理要求

印度尼西亚法院支持专利侵权举证，除常规无效理由外，也支持专利权人在发明中是否作出实质性贡献和专利权是否可能存在侵害公益两方面，企业应检视在专利使用过程中有关使用行为和文件保存上是否达到合规要求。

实践中，印度尼西亚法院支持专利无效抗辩举证时，如专利权无效审查尚未终结时，可以利用专利权的有效性存在疑问为理由进行有效抗辩，企业应检视其专利在印度尼西亚市场范围内使用过程的有关市场行为准则是否达到市场和产品合规要求。

印度尼西亚法院支持专利侵权赔偿金额包括实质损失和非实质损失，企业应检视其专利产品在印度尼西亚市场范围内销售的产品销售记录和该专利产品研发成本管理是否符合企业管理合规要求。

三、商标保护合规要求

印度尼西亚法院对商标法中连续 3 年未使用的事实证明力范围虽未有明确定义，但法院多数见解认为证明力的来源为印度尼西亚市场范围内所进行的市场调查所得出的结论为主要法院支持意见。企业应检视其商标产品在印度尼西亚市场范围内销售是否符合市场销售有关企业合规和市场销售数据保存合规要求；实践中，印度尼西亚法院认定的恶意注册的行为主要有：

第一，注册尽可能多的知名品牌，但抢注者从未打算将这些品牌用于任何产品或服务。他们的动机是将此类注册作为本金，并期望未来能从权利人手中获利。

第二，当地合作伙伴注册其外国委托人的品牌，想要将此作为分销协议重新谈判时的"保险"。

印度尼西亚法院认为并非取得印度尼西亚商标注册登记就绝对取得商标专用权，如果缺乏实际商业用途还是可能被法院撤销商标权。企业在进行商标布局时，应检视其商标产品在印度尼西亚市场范围内市场销售数据保存合规要求。

外国商标所有者通常需要严重依赖当地经销商来拓展印度尼西亚市场。一些品牌已世界闻名，国际化程度较高，已被印度尼西亚人所熟知。一些其他品牌虽然仅在权利人所在国较为闻名，但由于质量良好，也有可能在印度尼西亚获得良好发展。

实践中，企业做好商标使用合规应包括以下三个方面：首先，在印度尼西亚进行知识产权注册及检索，并且根据结果调整进入市场的方案，从而避免潜在的侵权风险；其次，建议对印度尼西亚合作伙伴开展尽职调查，从对方是否有行业资质、是否有不良记录等方面对潜在合作伙伴进行筛选；最后，检视与印度尼西亚合作伙伴的协议中约定最基本的合同条款，从而能够在符合印度尼西亚法律规定的情况下维护企业自身的利益。

（一）知识产权注册

进入印度尼西亚市场需要做好全面规划。笔者认为，获得注册商标是进入印度尼西亚市场的重要准备步骤，尤其是消费与贸易产品领域。重中之重的是，应当提前进行商标布局，以防止他人恶意抢注。注册商标既可防御，也可进攻。

恶意抢注可能导致真实权利人被阻挡在印度尼西亚市场之外。作为一种防御性工具，尽早注册商标可以防止恶意抢注的发生，保障产品自由进入市场。

（二）对印度尼西亚合作伙伴开展尽职调查

核查印度尼西亚合作伙伴在当地注册的所有商标，核查潜在合作伙伴所卷入的历史争端。

这里所称的印度尼西亚合作伙伴是指印度尼西亚的企业（将与贵公司签订合同的机构）和企业背后的关键人物。他们通常会将商标注册到这些关键人物的个人名下，而不是企业名下。因此，重点是要确定企业的关键人物，并根据这些人的姓名进行商标搜索。如有必要，可能还需要确认其是否利用家庭成员代为注册。

如果当地合作伙伴曾注册了其他外国品牌，那么就有必要谨慎对待。如果他们有抢注他人商标的记录，也很可能抢注贵公司的商标。

这就引出了下一个非常重要的问题：如何保护自身权益，免受当地潜在合作伙伴（包括经销商或被许可方）的侵害？在此情形下，进入印度尼西亚市场时，由于当地经销商熟悉本土市场，"走出去"企业有时会过于信任对方，由此导致一些不幸的案例发生。例如对方利用商标权利人未对商标加以保护的漏洞，在没有得到权利人同意的情况下，以自己的名义注册商标。如此一来，当经销合作关系结束时，现有的注册商标可以作为本地合作伙伴寻求继续销售产品机会的筹码。

（三）检视知识产权保护条款

完成上述尽职调查后，下一步是确保贵公司与当地合作伙伴的协议中包含基本的知识产权保护条款，即最基本的合同条款。这些基本条款包括：

当地合作伙伴承认委托人是产品或服务的全部知识产权的拥有者。

在商业洽谈期间，当地合作伙伴不在印度尼西亚或世界任何地方注册任何与贵公司相关的知识产权。

当地合作伙伴不会注册任何包含委托人商标的域名。

如果当地合作伙伴违反任何作为合作伙伴的义务，将支付罚款。

如果合同是与公司中的个人签订的，公司的关键人物也应签署类似的承诺函，并附加一条，承诺关键人物及其家庭成员不会注册任何委托人的知识产权。

这些风险不言自明而且真实存在，例如一些企业在当地的合作伙伴非常聪明，能够在委托人与印度尼西亚企业机构之间的主要协议中巧妙躲过这些条款——他们将知识产权登记在自己或其信任的家庭成员名下。

下面将介绍中国企业在寻找印度尼西亚经销商或合作伙伴时遭遇的知识产权保护风险。

该案件的编号为 28/Pdt. Sus – Merek/2017/PN. Niaga. Jkt. Pst，该案原告为湖北玉立公司，该案所涉及的当事人和商标如附表 3 – 4 所示。

附表 3 – 4　涉案商标对比

证据	当事人	涉案商标
A	湖北玉立公司是 "SHARP-NESS" 商标的合法权利人	"SHARPNESS" 商标的合法权利人

续表

证据	当事人	涉案商标
B	印度尼西亚商人	商标恶意注册的申请人
C	PT. Sukses Bersama Amplasindo❶	印度尼西亚商人设立的公司，印度尼西亚商人恶意抢注商标的受让人

印度尼西亚商人是湖北玉立公司"SHARPNESS"牌专营砂纸产品的一位客户。在与湖北玉立公司终止合作关系后，印度尼西亚商人注册了"SHARPNESS"文字及商标标识（见附表3-4中的B项商标）。

该印度尼西亚商人随后成立了一家名为 PT SUKSES BERSAMA AMPLASINDO 的公司，并将"SHARPNESS"商标转让给这家新公司，这家新公司似乎也运营名为 www. Sharpness. co. id 的网站。

在首次诉讼中，湖北玉立公司仅起诉了 PT SUKSES BERSAMA AMPLASINDO，要求撤销"SHARPNESS"商标。由于印度尼西亚商人已将商标转让给了 PT SUKSES BERSAMA AMPLASINDO，而不在共同被告之列。法院驳回了撤销请求，因为法院在程序问题上裁定，印度尼西亚商人作为恶意商标申请人/转让人应被列为被告。原告向印度尼西亚最高法院提出上诉，但未能成功。湖北玉立公司再次提起诉讼，将原恶意商标申请人印度尼西亚商人与 PT SUKSES

---

❶ PT. Sukses Bersama ［EB/OL］. ［2023-05-29］. http：//www. listcompany. org/Pt_Sukses_Bersama_Info. html.

BERSAMA AMPLASINDO 作为共同被告。

在一审中，因为印度尼西亚雅加达商事法院认为湖北玉立公司提交的海外注册商标并非商标证书原件，而是网上的复印件和打印件，湖北玉立公司败诉。于是湖北玉立公司向印度尼西亚最高法院上诉，最终成功撤销了该恶意注册的商标。

最高法院表示，一审驳回证据不当，虽然商标注册证书是复印件，但原告还提交了商标局官方网站的打印件。虽然复印件通常不予考虑，但因为官方网站很容易核实，法官对官方网站的打印件没有那么严格。在该案中，被告的恶意行为是明显的，因为其不仅复制了文字元素，还复制了商标图案。尽管印度尼西亚最高法院于 2019 年 10 月 15 日作出裁决，被告似乎仍在使用该商标作为". co. id"级别的域名。中国原告如果想要完全收回其在印度尼西亚的品牌相关权利，仍然有许多工作要做。

该案表明企业在准备诉讼时应注意司法程序细节的重要性，因为诉讼一旦被提起，几乎没有机会纠正司法程序上的缺陷。

如果中国企业采取了以下任何一个步骤，有可能避免诉讼的发生：第一，在将产品进口到印度尼西亚之前或期间进行商标检索。第二，对当地合作伙伴以及机构背后关键人员的背景进行尽职调查。

这也表明，取得印度尼西亚当地合作伙伴的书面承诺非常重要，即要求他们承诺不注册外国合作伙伴的知识产权。如果当地合作伙伴是一家企业，那么企业的关键人物也应提供同样的书面承诺。

当地合作伙伴注册外国合作伙伴的商标可能有两种动机：第一，如果双方最初的合作关系中断，当地合作伙伴可"劫持"该品牌，通过从其他供货渠道取得货物，以继续使用该品牌。第二，保持当地合作伙伴的谈判地位，以此打击外国合伙人更换拥有注册商标的当地合伙人的积极性。

另外，经销商协议也可能无法确保印度尼西亚本地企业及其控制人践行其不注册外国委托人的商标的承诺。

在上述案例中可以看到，企业的承诺不足以全面保护外国企业的权益，因为恶意抢注者通常是本地企业的控制人/关键人。因此，控制人/关键人应该给出个人承诺，甚至保证其家庭成员也不会注册外国委托人的知识产权。

当一个经销商即将被另一个经销商取代时，原来的经销商会尝试使用"焦土政策"，即通过对经销的产品申请知识产权注册，以阻止新的经销商经营同一产品，导致其他人不能从市场中获利。

例如，一家美国公司向一家印度尼西亚公司提供建筑设备，该建筑设备作为系统的一部分安装在建筑物和土木工程结构中。印度尼西亚公司的一名当事人将该系统注册了专利，该专利包含了美国公司提供的设备；他声称该专利能够阻止任何第三方将此建筑设备用作任何建筑系统的一部分。由于未知原因，该专利申请得到了授权。由此，该印度尼西亚公司也得以利用该专利阻止外国委托人在印度尼西亚指定其他新的经销商。这给新经销商在当地开拓美国公司建筑设备销售的市场带来了严峻的考验。在警方介入且双方进行了多次会面和争论后，通过刑事诉讼才使该授权专利最终被撤回。

因此，如果在合同中规定经销商不得使用委托人的技术申请任何知识产权（包括专利），或者规定当地经销商若打算申请注册知识产权，其应取得委托人的批准同意，并约定让委托人成为知识产权的共同所有者，那么这种困境是可以有效避免的。同时，让本地公司的关键人物提供不随意侵犯委托人知识产权的承诺也是重要且必要的，在上述案例中，该印度尼西亚经销商以个人名义申请了专利，足以说明取得当地经销商关键人物的个人承诺的重要性。

在区域经济持续升温的背景下，如何快速安全地进入印度尼西亚市场，对于中国企业既充满了诱惑又存在挑战。根据上文的分析和介绍，不难看出对一家企业来说，最危险的人往往是其合作伙伴，因为他们能够比局外人造成更大的伤害。因此，"走出去"企业应对潜在的商业合伙人或合作伙伴提前做好尽职调查和背景调查工作，并且在随后的谈判中确保合同中充分包含知识产权的保障性条款。

鉴于印度尼西亚较为复杂的法律和文化环境，笔者建议"走出去"企业在海外布局时寻求经验丰富、熟悉印度尼西亚法律的律师协助，从而为企业开拓印度尼西亚市场保驾护航。

附录3.3 柬埔寨知识产权合规及案例评析

中国企业商标在海外被抢注造成品牌资源流失，同时也给企业走出去带来知识产权风险，必须引起高度重视。根据调查，海外商标被抢注主要分为三种情况，一是"职业"的商标抢注人，通过批量抢注知名商标牟取暴利；二是当地的竞争企业通过抢注商标构筑市场壁垒，阻止中国企业进入市场；三是中国企业的当地代理商抢注商标，获得独家代理权，以达到垄断目的。

柬埔寨现行商标法规主要基于2002年2月7日颁布的柬埔寨王国商业标记、商标名称和不公平竞争行为法。柬埔寨知识产权局负责统一管理商标事务，官方语言为高棉语、英语。

柬埔寨商标专用权需要通过注册取得，柬埔寨商标注册采用"申请在先"原则，但某些情况下，也可以按"在先使用"主张商标权。柬埔寨是《保护工业产权巴黎公约》的缔约国，也是《马德里议定书》的成员国，故柬埔寨商标注册可以通过"单一国家注册"或"马德里国际注册"的方式办理。

在柬埔寨注册商标，申请人可以是个人或公司，柬埔寨商标注册后，商标使用期限为10年，10年期满后需要办理续展，如未续展，商标将失效。并且，柬埔寨商标每5年还要向柬埔寨知识产权主管部门提交使用或未使用情况，如没有报告的，也会被撤销商标。

可注册柬埔寨商标的要素有文字、图形、字母、数字、颜色等。若申请人非柬埔寨居民，需委托本国专门的商标代理人办理柬埔寨商标注册。柬埔寨商标注册所需材料一般包括：①商标图样；②商品或服务的分类；③申请人姓名及地址；④若声明优先权的，须提供优先权证明文件。

柬埔寨商标注册的主要流程为：申请—受理—审查—核准—发证—公告。柬埔寨商标有效期为 10 年，自申请日起算，到期前 6 个月内可以办理续展，续展后有效期也为 10 年。

浙江某技术股份有限公司（以下简称"涉案企业"）于 2001 年成立，主营业务为安防视频监控产品的研发、生产和销售，面向全球提供视频存储、前端、显示控制和智能交通等系列化产品。涉案企业自 2003 年起在中国注册申请商标，并于 2009 年通过马德里商标体系在 63 个国家（未包括柬埔寨）申请注册商标并均已核准。

2014 年起，涉案中国企业在柬埔寨与其产品代理商娄旭数码有限公司 ［Loxu Digital（Cambodia）Co., Ltd. 以下简称"LOXU"］开始合作。2014 年 5 月，LOXU 向柬埔寨知识产权局提交了商标申请并获得注册。

2014 年 7 月，涉案企业向柬埔寨知识产权局提交了商标注册申请。2017 年 3 月，涉案企业申请的商标被柬埔寨知识产权局驳回，驳回理由为"Registered well known mark（s）for different goods/services（Article 4 – g of TM law.）"。

2019 年 5 月，LOXU 再次提交商标申请，申请类别为第 9 类（电弧切割装置、电弧焊接设备、电焊设备等）。2019 年 9 月，涉案企业在柬埔寨对 LOXU 的第 16 类商标发起了撤销申请；对 LOXU 新申请的第 9 类商标发起了异议申请。

目前两件案件都在审理中，LOXU 未对撤销案和异议案作出答辩。在 LOXU 与涉案企业合作期间，双方经过多轮沟通，LOXU 一直未同意转让商标给涉案企业，但要求涉案企业同意 LOXU 在柬埔寨的独家产品代理权，再考虑商标转让事宜。但是涉案企业不同意该和解条件，案件陷入僵持。

LOXU 抢注涉案企业商标以后，造成涉案企业自身品牌难以取得在柬埔寨当地的法律保护，影响品牌代理合法授权。因 LOXU 故意张贴商标注册证书在其官方网站和社交软件 FACEBOOK 上，导致客户对涉案企业品牌的信任度降低，一定程度上阻碍企业在柬埔寨当地业务品牌授权代理的拓展。LOXU 自 2014 年与涉案企业合作以来，基本为涉案企业在柬埔寨当地市场的独家代理，但是由于其掌握着涉案企业的商标权，业务开展上具有较大主动权，当地业务拓展受其牵制较大。2017—2019 年，涉案企业在柬埔寨的业绩分别为 450 万美元、618 万美元和 331 万美元，2019 年业绩大幅度下滑的主要原因是涉案企业针对 LOXU 发起商标撤销和异议申请后，LOXU 在当地市场干扰其他客户向涉案企业采购其产品，导致销售情况和品牌价值都受到较大影响。

截至 2020 年年底，通过中国国家知识产权局沟通，柬埔寨知识产权局已通过了涉案企业对 LOXU 的第 16 类商标发起的撤销申请，案件取得了阶段性的成果。涉案企业对❶ LOXU 于 2019 年新申请的第 9 类商标发起的异议申请也在有序推进。

无论是针对哪一种海外商标被抢注的情况，中国企业必须制定与出口贸易业务相匹配的商标保护合规策略，加强海外商标保护。一是要了解企业自身当前商标海外保护状况，掌握有否被抢注的情况，为下一步工作提供基础。二是要加强海外商标注册布局，构建商标保护网，防患于未然。三是建立商标预警监测机制，及时发现商标被抢注情况，果断采取制止措施。四是加强海外合作协议知识产权条款的审查，约束当地代理商、合作方的商标注册行为和效力。

---

❶ 涉案企业于 2001 年在杭州成立，主营业务为安防视频监控产品的研发、生产和销售，面向全球提供视频存储、前端、显示控制和智能交通等系列化产品，2008 年在深圳证券交易所中小企业板上市。

附录4 海外经营业务中主要知识产权风险类型一览表

附表4-1 海外经营业务中主要知识产权风险类型

海外经营业务环节	知识产权风险类型	具体知识产权风险	可能引起的纠纷问题
生产加工	专利侵权	企业采购出口产品零部件引入的供应商专利侵权风险；企业贴牌加工中海外委托人带来的专利间接侵权风险	专利诉讼、海关执法、337调查
	商标侵权	企业贴牌加工中海外委托人带来的商标间接侵权风险；企业在所属国使用的注册商标专用权或者已经未取得合法授权许可；自身注册商标失效；与委托人合同未明确销售地点	商标诉讼、海关执法
	著作权	企业所使用的桌面办公软件、企业管理软件、研发工具软件侵犯他人著作权	著作权侵权诉讼
市场推广	专利侵权	企业海外展会引起的外观设计侵权风险	临时禁令、专利诉讼
	商标侵权	企业海外展会引起的商标侵权风险；委托方对商标是否合法持有/被许可	临时禁令、商标诉讼
	著作权侵权	企业海外展会引起的著作权侵权风险	临时禁令、著作权诉讼

续表

海外经营业务环节	知识产权风险类型	具体知识产权风险	可能引起的纠纷问题
市场销售	专利侵权	企业销售产品引起专利权侵权风险	专利诉讼、海关执法、337调查
	商标侵权	企业销售产品（跨境电商）引起商标侵权风险	商标诉讼、海关执法
	著作权侵权	企业销售产品引起著作权侵权风险	著作权诉讼
	专利被侵权	企业海外专利在当地被侵权风险	专利诉讼
	商标被抢注	企业销售产品引起的商标被抢注风险	商标权属诉讼
技术合作	权属风险	企业海外技术合作引起的知识产权权属纠纷风险	专利权属诉讼
	商业秘密泄露风险	企业海外技术合作引起的技术秘密泄露风险	商业秘密诉讼
人才引进	商业秘密侵权风险	企业引进海外人才引起的商业秘密纠纷风险；入职时是否已经与原雇主解除劳动/雇佣关系，是否有仍有效的保密义务；是否不小心保留了原雇主的数据	商业秘密调查、诉讼